HEYNE‹

Katja Urbatsch

AUSGEBREMST
Warum das Recht auf Bildung nicht für alle gilt

WILHELM HEYNE VERLAG
MÜNCHEN

Verlagsgruppe Random House FSC-DEU-0100
Das für dieses Buch verwendete FSC®-zertifizierte Papier
Super Snowbright liefert Hellefoss AS, Hokksund, Norwegen.

Originalausgabe 11/2011

Printed in Germany 2011
Redaktion: Marion Appelt, Wiesbaden
Umschlaggestaltung: Eisele Grafik-Design, München,
unter Verwendung eines Fotos von plainpicture/André Schuster
Satz: Greiner & Reichel, Köln
Druck und Bindung: GGP Media GmbH, Pößneck
ISBN 978-3-453-60214-4

www.heyne.de

INHALT

Vorwort   **7**

Einleitung   **12**

»Ohne Hilfe kannst du es nicht schaffen.« *Wie
Herkunft über die Schulempfehlung bestimmt*   **27**

»Man kommt gar nicht auf die Idee, dass man
weitermachen könnte.« *Warum es so schwierig ist,
die einmal gewählte Schulform zu wechseln*   **51**

»Mach mal lieber 'ne Ausbildung und verdien Geld,
ist sicherer.« *Was Nicht-Akademikerkinder
vom Studium abhält*   **91**

»Dann müssen Sie halt Ihre Eltern verklagen.«
Der Kampf um die Studienfinanzierung   **129**

»Zu Hause muss ich mich rechtfertigen und in der
Uni fühle ich mich verloren.« *Wie sich Nicht-
Akademikerkinder zwischen zwei Welten bewegen*   **158**

»Ich gehöre immer noch nicht dazu.« *Immer-
während Loyalitäts- und Identitätskonflikte,
ein Leben lang*   **187**

Ausblick   **208**

Nachwort   **219**

Anmerkungen   **223**

VORWORT

Vor etwa zwei Jahren kontaktierte mich eine Literaturagentin und fragte mich, ob ich schon mal darüber nachgedacht hätte, ein Buch zu schreiben. Sie war durch ein Zeitungsporträt auf mich und die von mir gegründete Initiative ArbeiterKind.de aufmerksam geworden. Ich antwortete mit einem »Nicht wirklich« und winkte innerlich ab. Ich sah es nicht wirklich als realistische Option an, ein Buch zu schreiben. Aber dann wurde ich doch etwas neugierig auf diese Literaturagentin und darauf, warum sie auf die Idee gekommen war, dass ausgerechnet ich ein Buch schreiben sollte und auch könnte. Also willigte ich ein, sie zu treffen – natürlich ganz unverbindlich. Sie erklärte mir, wie das so funktioniert mit dem Bücherschreiben, dass man zunächst ein Exposé verfasst und es dann Verlagen anbietet. Sie zeigte mir einige Beispiele und ich sagte: »Ich weiß nicht, ob ich das kann. So kann ich doch nicht schreiben!« »Doch, doch«, sagte sie, »das können Sie, ich helfe Ihnen dabei, gemeinsam kriegen wir das hin!« Ich konnte mir das immer noch nicht so recht vorstellen. Schließlich überredete sie mich, es mit dem Exposé doch einmal zu versuchen – ganz unverbindlich natürlich. Ich dachte, dass sich für das Projekt eh kein Verlag fände, wenn sie also meint, es unbedingt versuchen zu müssen, dann soll sie machen. Sie wird schon sehen, dass es nicht klappt.

Einige Wochen gingen ins Land, sodass ich annahm, die Sache würde im Sande verlaufen. Doch meine Literaturagentin ließ nicht locker, fragte immer wieder nach, ob ich denn schon etwas geschrieben hätte. Ich musste mich etwas überwinden, brachte dann aber doch etwas zu Papier. »Die Qualität wird niemals ausreichen, die wird ganz schön enttäuscht sein«, grübelte ich, als ich ihr den ersten Entwurf schickte. »Das ist doch schon mal sehr gut, da kann man was draus machen!«, lautete die überraschende Antwort. »Die ist doch verrückt«, dachte ich, »kein Verlag wird das haben wollen geschweige denn je veröffentlichen!« Sie überarbeitete mein Exposé noch ein bisschen und schickte es dann an einige Verlage. Wie ich erwartet hatte, gab es keine Rückmeldungen. Wir blieben locker in Kontakt, ich war auch mit dem weiteren Aufbau meiner Initiative ArbeiterKind.de ausreichend ausgelastet. Nach einigen Wochen meldete sich meine Agentin wieder und fragte, ob ich nicht noch eine kurze Leseprobe verfassen wolle, das wäre zum einen ein schöner Anlass, sich bei den Verlagen noch einmal zu melden, zum anderen würde deutlich werden, dass ich es ernst meinte und dass das Buch ein echtes Anliegen sei. Ich zögerte – zunächst. Denn gerade in dieser Zeit wollten immer mehr von uns wissen, was Nicht-Akademikerkinder vom Studium abhält und was ihnen den Weg zum erfolgreichen Studienabschluss erschwert. Ich bekam auch immer mehr Einladungen zu Vorträgen und Podiumsdiskussionen. Zudem wurde auch die Resonanz auf ArbeiterKind.de immer größer, täglich stieg die Anzahl der Unterstützer und Ehrenamtlichen. Einige Tage nach dem Anruf meiner Agentin dachte ich schließlich: »Okay, dann fange ich jetzt halt an, dieses Buch zu schreiben!« Und als dann noch jemand sagte: »Wer liest schon ein Buch von Katja Urbatsch?!«, dachte ich: »Jetzt, erst recht!«

Ich rief meine Literaturagentin daraufhin an, was sie wiederum ungemein motivierte. Sie ist übrigens auch die erste Akademikerin in ihrer Familie, sodass ihr die Problematik aus eigener Erfahrung heraus vertraut ist. Gemeinsam machten wir uns also auf den Weg, auch wenn ich mir immer noch nicht vorstellen konnte, dass ich ein Buch schreiben und einen Verlag finden würde. Meine Literaturagentin trieb mich an, erste Textproben zu verfassen. Ich war weiterhin skeptisch, aber motiviert. Plötzlich kam die erste Rückmeldung, das erste Gespräch, das erste Angebot. Ein kleiner Verlag, aber immerhin eine Zusage. »Jetzt können wir schon mal sicher sein, dass du dein Buch schreibst und es veröffentlicht wird«, jubelte meine Agentin. Ich freute mich, mir war aber auch etwas mulmig zumute. Aber sie sagte: »Jetzt geht's erst richtig los, jetzt wird es doch erst richtig spannend. Pass' mal auf, da kommen jetzt noch andere Verlage.« »Na, erst mal abwarten«, dachte ich und konnte mir das immer noch nicht so recht vorstellen. Doch sie sollte – wie immer – Recht behalten. Ich fuhr zum Heyne Verlag nach München und führte ein sehr nettes Gespräch, das ebenfalls mit einer Zusage endete. Kaum war ich aus der Tür, rief ich meine Literaturagentin an. Sie war völlig aus dem Häuschen. »Katja, das wird gut, das wird gut!«, rief sie ins Telefon. Ich konnte es noch nicht richtig begreifen und bekam Angst vor meiner eigenen Courage. Ich gab vor, ein Buch schreiben zu können, obwohl ich weder inhaltlich noch zeitlich wusste, wie ich das machen sollte. Ich, ein Buch schreiben, das in wenigen Monaten in den Buchläden stehen würde?

Meine Literaturagentin glaubt daran, dass es gelesen wird, und bis jetzt hat sie noch immer Recht behalten. Es ist ein großer Kraftaufwand, ein Risiko, aber auch eine Chance. Ich weiß nicht, was passieren wird, aber eigentlich gibt es ja nichts zu verlieren. Die Bildungschancen für Kinder aus Nicht-Akademikerfamilien in Deutschland können kaum schlimmer, sondern nur noch besser werden. Und vielleicht kann ich dazu einen kleinen Beitrag leisten, etwas mehr Bewusstsein schaffen. Und ich kann stolz darauf sein, dass ich mein Buchprojekt schließlich doch noch realisiert habe. Das kann mir niemand nehmen. Zu verdanken habe ich das meiner Literaturagentin Marion, die nicht aufgehört hat, an mich zu glauben, mich anzutreiben, zu motivieren, zu ermutigen und zu unterstützen. Ohne sie hätte ich es nicht geschafft und auch gar nicht erst versucht.

Wenn Sie in dem gerade Gelesenen »Buch schreiben« durch »studieren« ersetzen, wissen Sie, wie es sich für viele anfühlt, wenn sie die oder der Erste in ihrer Familie sind mit der Chance zu studieren, die sich schließlich durchringen und sich auf den abenteuerlichen Weg zum Hochschulabschluss machen. Sie trauen es sich nicht zu, sie zweifeln, sie können es sich nicht vorstellen. Leider haben viele von ihnen keine Literaturagentin oder besser gesagt keine Bildungsagentin. Ich hatte das Glück, dass ich auf meinem Weg zahlreichen Bildungsagenten begegnet bin, die mich gefördert haben. Ich möchte an dieser Stelle allen ganz herzlich dafür danken. Ohne sie wäre ich nicht dort, wo ich heute bin. Ohne sie hätte ich nicht jetzt schon mehr erreicht, als ich mir je hätte erträumen können. Daher wünsche ich allen, insbesondere Kindern mit schlechteren Startbedingungen, dass sie in Zukunft mindestens einen Bildungsagenten haben, der so sehr an sie glaubt und sie fördert wie meine Literaturagentin mich. Und ich hoffe, dass ich mit diesem Buch ein bisschen dazu beitragen und noch mehr Menschen motivieren kann, dem Vorbild meiner Literaturagentin zu folgen und Bildungsagenten zu werden, damit mehr Nicht-Akademikerkinder den Bildungsaufstieg wagen und diesen erfolgreich meistern.

EINLEITUNG

Mein älterer Bruder Marc und ich sind in unserer Familie die Ersten, die studiert haben. Welche Hürden es für Nicht-Akademikerkinder von der Entscheidung über den Studieneinstieg bis zum erfolgreichen Hochschulabschluss zu überwinden gibt, kenne ich also aus eigener Erfahrung. Da Marc bereits studierte und die Weichen somit gestellt waren, entschloss ich mich ohne zu zögern für ein Studium und folgte ihm nach Berlin. Auf Familienfeiern musste ich mich jedoch jahrelang dafür rechtfertigen, dass ich studierte – und dann auch noch so ein komisches Fach, wie es damals immer hieß: »Was macht man denn mit Nordamerikastudien? Kannst du damit denn wenigstens Lehrerin werden? Was verdient man denn da hinterher? Und wie lange dauert das noch?«

In den USA wäre ich ein sogenannter First Generation College Student, aber in Deutschland bin ich ein Nicht-Akademikerkind beziehungsweise habe einen bildungs-, wahlweise auch hochschulfernen Hintergrund. Während ich also in den USA zu den positiv besetzten Pionieren zähle, leide ich in Deutschland unter einem Mangel – dem Mangel, kein Akademikerkind zu sein. In der Schulzeit war mir dies noch nicht bewusst, allerdings gibt es in meiner ostwestfälischen Kleinstadt mit 40 000 Einwohnern auch lediglich zwei Gymnasien und keine Privatschule. Dadurch profitierte ich von der sozialen Durchmischung der Schülerschaft. Zudem war ich in der Schule immer recht erfolgreich, sodass der Schritt von der Grundschule aufs Gymnasium nicht infrage gestellt wurde – erst recht nicht von einer jungen Lehrerin, die sich in den Achtzigerjahren bei den Grünen engagierte.

Während ich bei Verwandten also mit meinem Studium häufig auf großes Unverständnis stieß, fühlte ich mich aber auch unter den Professoren und Akademikerkindern in der Hochschule häufig nicht am richtigen Ort und bisweilen auch etwas verloren. Ich bewegte mich zwischen zwei Welten und hatte den Eindruck, zu keiner richtig dazu zu gehören. So hatte ich an der Freien Universität Berlin von Beginn an mehrere Schlüsselerlebnisse, die mir ganz plötzlich bewusst machten, dass es noch andere Studenten gibt als mich, deren Eltern nämlich bereits studiert haben. Natürlich bin ich auch mit Kindern von Lehrern oder Ärzten zur Schule gegangen, aber es machte für mich damals keinen Unterschied. Es ging mehr darum, wer welches Auto hat und wer wohin in Urlaub fährt. Diese Aspekte bestimmten den Status in gewisser Weise, sie hingen jedoch nicht zwangsläufig mit dem Bildungshintergrund der Eltern zusammen.

Doch als es an der Uni darum ging, die erste Hausarbeit in amerikanischer Literatur zu schreiben, merkte ich auf einmal, dass es zwei Gruppen gibt: Studierende, deren Eltern studiert haben, und Studierende wie mich, deren Eltern nicht studiert haben. Bei meinem ersten Schlüsselerlebnis fragte ich eine befreundete Kommilitonin, wie sie das mit der Hausarbeit mache, denn ich hatte keine Vorstellung, wie so etwas aussehen sollte, worauf ich also achten müsste. Sie sagte daraufhin, dass sie schon eine Hausarbeit geschrieben hätte und ihr Vater, der schon mehrere Bücher verfasst hätte, habe ihr dabei geholfen.

Dies war für mich ein großes Aha-Erlebnis und ich fragte mich: »Na toll, und wer hilft mir jetzt? Meine Eltern haben auch keine Ahnung, wie man so eine Hausarbeit schreibt, und Marc studiert Betriebswirtschaftslehre und hat bisher nur Klausuren geschrieben.« Dankenswerterweise erklärte meine Freundin sich bereit, mich zu unterstützen, arbeitete zunächst die Fragestellung mit mir heraus und wir trafen uns so lange, bis die Hausarbeit fertig war. Zudem bestand die Möglichkeit, mit der jungen Dozentin – eine Doktorandin – über die Hausarbeit zu sprechen. Das Angebot nahm ich mehrmals in Anspruch, was ich mich bei einem Professor oder einer Professorin zu diesem Zeitpunkt nicht getraut hätte. Meine Ehrfurcht und mein Respekt ihnen gegenüber waren einfach zu groß. Daher habe ich während meiner ersten drei Semester auch fast nur Veranstaltungen von wissenschaftlichen Mitarbeitern besucht, da ich mich bei ihnen eher getraut habe, Fragen zu stellen.

Bei meinem zweiten Schlüsselerlebnis, an das ich mich bis heute sehr genau erinnere, erzählte mir eine andere Freundin, dass sie ein Stipendium in der Journalistenförderung der Konrad-Adenauer-Stiftung hätte. Das erstaunte mich sehr, denn zum einen hatte ich noch nie von Studienstipendien gehört und zum anderen hatte ich mich nach dem Abitur bei der Deutschen Journalistenschule in München beworben und war abgelehnt worden. Also wollte ich von ihr wissen, wie man denn so ein Stipendium bekommt. Als Voraussetzung nannte sie mir dann ein ganz gutes Abitur, ehrenamtliches Engagement und eben journalistisches Interesse. Ich staunte immer mehr, denn mit meinem Einser-Abitur war ich besser als sie gewesen und hatte mich von Kindheit an regelmäßig ehrenamtlich engagiert, etwa in der Kirche und im Basketballverein. Allerdings hatte ich mir das nie bestätigen lassen, also keine Nachweise darüber. Mir war nicht klar gewesen, dass mir das mal etwas nutzen könnte. Im dritten Semester war es für eine Bewerbung um dieses Journalistenstipendium leider zu spät, was mich etwas ärgerte. Erst nach und nach erfuhr ich, dass es noch zehn weitere Stipendiengeber dieser Art gibt. Nachdem ich beispielsweise einer Kommilitonin im Anschluss an ihr Referat positives Feedback gegeben hatte, antwortete sie mir: »Ja, danke. Ich habe gerade ein Rhetorikseminar bei der Naumann-Stiftung besucht, das war total hilfreich«. Wieder ein Aha-Erlebnis. Von Begabtenförderwerken bekommt man also nicht nur Geld, sondern sie bieten auch ein Förderprogramm mit Workshops. Wieder war ich etwas neidisch. Gern hätte ich auch an solch einem Rhetorikseminar teilgenommen, denn mindestens bis zu Beginn meines Hauptstudiums war ich bei Referaten und oft auch bei Redebeiträgen allgemein extrem unsicher und nervös. Der Zug, um sich für ein Stipendium der Begabtenförderwerke zu bewerben, war jedenfalls nun endgültig abgefahren.

Glücklicherweise hörte ich jedoch mehrfach davon, dass Studierende aus meinem Institut mit einem Stipendium des Deutschen Akademischen Austauschdienstes (DAAD) ein Jahr in den USA verbrachten. Ein oder zwei Semester in Amerika zu studieren war schon immer mein großer Traum gewesen. In der Cafeteria fragte ich mehrere ältere Studenten, wie man sich um solch ein Stipendium bewirbt. Sie schickten mich zum Akademischen Auslandsamt, wovon ich noch nie zuvor gehört hatte. Dort drückte man mir die Bewerbungsunterlagen des DAAD in die Hand. Ich las mir alles genau durch, die erforderlichen Angaben zu machen war überhaupt kein Problem. Aber dann kam es: Erstens benötigte ich zwei Gutachten von Dozenten und zweitens ein »Study Proposal«, also eine Art Motivationsschreiben einschließlich Studienplanung für die USA. Zum Glück blieben mir noch ein paar Wochen bis zur Abgabe der Unterlagen. Bei nächster Gelegenheit fragte ich wieder meine Freundinnen, was zu tun sei. Daraufhin sagte eine: »Für die Gutachten gehst du einfach zu zwei wissenschaftlichen Mitarbeitern, bei denen du Kurse belegt hast, und fragst sie. Am besten nimmst du gleich deinen Lebenslauf mit, deine Noten und all die Dinge, die sie da reinschreiben sollen. Solltest aber schon gucken, dass du da auch einen Professor dabei hast, sieht schon besser aus.« Ich folgte ihrem Rat, machte mir allerdings etwas Sorgen, da ich bisher keine Kurse bei Professoren belegt hatte, ich also keinen kannte. Glücklicherweise lief es so, wie es meine Freundin vorhergesagt hatte. Eine der Dozentinnen schlug von sich aus vor, zusätzlich den Professor unterschreiben zu lassen. Puh, das hatte ich schon mal geschafft. Jetzt brauchte ich nur noch dieses komische Study Proposal, davon hatte ich überhaupt noch keinen Plan. Wieder fragte ich mich durch. Doch die einzigen Informationen, mit denen ich mich schließlich an den Schreibtisch setzte, waren: »Du musst irgendwie begründen, warum du in die USA möchtest« und »Du solltest dir anschauen, was die Unis, an die du willst, so anbieten.« Also machte ich mich ans Werk und schrieb mehrere Seiten. Außer meinem Bruder fiel mir niemand anders ein, der sie hätte lesen können. Er hatte zwar selber keine Ahnung und keine Erfahrung in solchen Dingen, aber er war wie bei vielen anderen Fragen auch diesmal mein Ansprechpartner. Leider war er von meinem Study Proposal nicht sehr begeistert: »Ich weiß zwar nicht, was die hören wollen, aber mich haut das jetzt nicht vom Hocker. ›Mein Name ist Lieschen Müller und ich möchte gerne ein Stipendium für die USA‹ schreiben bestimmt viele. Du musst irgendwas Besonderes machen, dich von den anderen abheben. Die bekommen bestimmt viele Bewerbungen, da musst du irgendwie auffallen. Und du musst begründen, warum sie gerade dich nehmen sollen.« Ich war etwas frustriert. Mit dem Study Proposal hatte ich mich eh schon sehr gequält und hatte einfach keinen Schimmer, wie so etwas aussehen soll. Gut wäre gewesen, das von jemand anderem zu sehen, eine Vorlage zu haben, um eine grobe Vorstellung zu entwickeln. Ich änderte und korrigierte meinen Entwurf, zeigte ihn Marc, der schüttelte aber nur den Kopf: »Schon besser, haut mich aber immer noch nicht vom Hocker.« »Na, gut«, dachte ich, »dann also noch mal überarbeiten«. Plötzlich kam mir die zündende Idee. Bei meiner Internetrecherche hatte ich zufällig ein amerikanisches Zitat entdeckt, mit dem ich einsteigen wollte. Schließlich stieß ich noch auf das Thema »Literatur in der Wirtschaft, Wirtschaft in der Literatur«, das mich sehr interessierte und zu dem einige der auf der DAAD-Liste genannten US-Unis passende Kurse anboten. Meine Bewerbung für das Stipendium begann folgendermaßen:

»›Ah, but a girl's reach should exceed her grasp, or what's a heaven for?‹, übersetzt ›Ein Mädchen sollte weiter greifen, als es fassen kann, oder wofür ist der Himmel sonst da?‹ Es gilt, über eigene Grenzen hinauszudenken und neue Herausforderungen anzunehmen. Ein einjähriges Studium an einer amerikanischen Universität möchte ich deshalb dazu nutzen, sowohl meine fachliche als auch meine persönliche Kompetenz auf die Probe zu stellen.«

Ich schickte die Unterlagen ab und erhielt wenig später die Einladung des DAAD zum Auswahlgespräch nach Bonn. Prompt stellte sich die Frage, wie man sich dafür wappnen könnte. Kurz darauf sah ich im Institut den Aushang eines Professors, der alle Kandidaten zu einem vorbereitenden Gespräch einlud. Gemeinsam mit einigen anderen Bewerbern fand ich mich eine Woche später in seinem Büro ein. Manche erzählten, sie hätten natürlich nur Eliteuniversitäten wie Berkley, Harvard, Yale und Stanford angegeben. Meine erste Wahl war die Boston University, denn ich rechnete mir an einer in Deutschland weniger bekannten Hochschule größere Chancen aus. Außerdem wollte ich in eine größere Stadt. Vor dem Auswahlgespräch war ich natürlich sehr aufgeregt. Von der Bewerberin vor mir erfuhr ich dann auch noch, dass Englisch gesprochen wurde. Das machte mich noch nervöser. Die Situation war etwas einschüchternd, mir gegenüber saßen drei oder vier Professoren und ein ehemaliger Stipendiat. Nur eine einzige Frage habe ich behalten, und zwar die nach dem Unterschied zwischen der Epoche des amerikanischen Naturalismus und der des Realismus. Eigentlich hatte ich das gut drauf gehabt, doch zu meiner Nervosität kam ein Blackout. Das Einzige, das mir in den Sinn kam, war: »Nein, das kann ich Ihnen gerade nicht sagen, aber deshalb möchte ich in die USA, um es zu lernen.« In der Auswahlkommission brach Gelächter aus, was mir nicht ganz einleuchtete, sodass ich einfach lächelte. »Das ist doch eigentlich ganz gut, wenn sie lachen, oder?«, schoss mir durch den Kopf. Mein großer Traum ging schließlich in Erfüllung und ich studierte mit einem DAAD-Stipendium zwei Semester an der Boston University.

Nachdem ich aus den USA zurückgekehrt war, wollte ich nun anderen erklären, wie sie sich um ein Stipendium bewerben, die erforderlichen Gutachten bekommen und wie ein Study Proposal aussehen kann. Mein eigenes Study Proposal habe ich bis heute auf meinem Computer gespeichert und schon mehrfach als Vorlage weitergereicht. Mein gesamtes Wissen über die Beantragung von Stipendien, das Verfassen von Hausarbeiten, Halten von Referaten sowie über mündliche und schriftliche Abschlussprüfungen und -arbeiten habe ich noch während meines Studiums unter anderem in Bachelor-Einführungsveranstaltungen und einem Examensworkshop weitergegeben, den ich gemeinsam mit einer Freundin für das Institut entwickelte. Wir fertigten auch Handouts an, die wir in eine neue E-Learning-Plattform der Freien Universität einstellten. Dabei wollten wir allen Studierenden, selbst wenn sie nicht an unseren Kursen teilnahmen, den Zugang zu den Informationen ermöglichen.

Während meiner Studienabschlussphase bekam ich mit, dass so manche meiner Kommilitonen ihre Abschlussarbeit gemeinsam mit ihren Eltern verfassten. So kam ich auf die Idee, Studierenden, die nicht auf solch familiäres Wissen zurückgreifen können, auf andere Weise die benötigen Informationen zur Verfügung zu stellen: auf einem Internetportal.

Mein Bruder und mein Freund hielten dieses Vorhaben für spannend und ermutigten mich dazu. Doch wie sollte die Internetseite heißen? Ich suchte nach einer positiven Alternative zu Nicht-Akademikerkind. Ein Begriff, den ich zuvor einigen Studien entnommen hatte. Mir war er zu negativ und zu sperrig. Wenig später kam mir morgens am Frühstückstisch ArbeiterKind.de als Name für das Internetportal in den Sinn. Diesen Begriff wollte ich neu und positiv besetzen. Ich selber bin im engeren Sinne eigentlich kein Arbeiterkind, da meine Eltern beide eine Banklehre absolviert und sich später selbstständig gemacht haben. Unsere Sprache hat aber einfach keine bessere Alternative für den Begriff »Nicht-Akademikerkind« zu bieten.

Die Resonanz beziehungsweise die Welle bürgerlichen Engagements, die ich mit ArbeiterKind.de auslösen sollte, hätte ich mir selbst in meinen kühnsten Träumen nicht vorstellen können. Innerhalb von nur drei Jahren haben sich bundesweit über 3000 Ehrenamtliche in 80 Städten angeschlossen.

Bereits einen Tag vor der Freischaltung des Portals erschien ein großer Artikel über unser Netzwerk in der Samstagsausgabe der *Frankfurter Rundschau*. Sonntagnacht ging die Internetseite online und bereits Montagvormittag riefen Redakteure des Deutschlandfunks und der *taz* an. Nachmittags gab ich mein erstes Live-Interview im Radio und erzählte von meinen persönlichen Erfahrungen als Studierende der ersten Generation, von meinen Schwierigkeiten in der Familie und an der Hochschule. In den folgenden Tagen, Wochen und Monaten erlebte ArbeiterKind.de eine außergewöhnliche Medienwelle.

Mit den interessierten Journalisten, die überwiegend ebenfalls als Erste in ihrer Familie den Schritt an die Hochschule gewagt hatten, führte ich lange Gespräche und immer wieder ertappten sie sich dabei, dass sie von ihren eigenen Erlebnissen erzählen wollten, es war ihnen ein Bedürfnis. Die Resonanz vieler Radiohörer und Zeitungsleser war ebenso überwältigend. Zahlreiche Menschen aus ganz Deutschland und sogar dem Ausland, die selbst Nicht-Akademikerkind, sprich Arbeiterkind sind, identifizierten sich mit meinen persönlichen Erfahrungen und überschütteten uns mit Begeisterung und Lob. Sie berichteten uns von ihrer eigenen Bildungsgeschichte, ihrem schweren Weg, den Problemen in der Familie, der Schule und der Universität, aber auch von den engagierten Fürsprechern und Wegbereitern, die sie unterstützt hatten. Sie alle waren von ArbeiterKind.de berührt und bekundeten ihr Interesse, mit ihrer Lebenserfahrung als Ansprechpartner für Schüler und Studierende zur Verfügung zu stehen. Sie wollen die nachkommende Generation ermutigen und unterstützen, sie möchten das weitergeben, was sie selbst gern erfahren und gebraucht hätten.

Es liegt mir fern zu behaupten, Akademikerkindern würde allein aufgrund ihres Bildungshintergrunds alles in den Schoß fallen und dass sie sich problemlos im Unialltag zurechtfänden. Durch die Einführung von Bachelor und Master, auch Bologna-Reform genannt, hat sich das Studium sehr verändert, sodass auch viele studierte Eltern nicht mehr auf dem aktuellen Stand sind. Zudem habe ich selbst erlebt, dass mir mein Bruder trotz seiner Studienerfahrung bei vielen Fragen nicht weiterhelfen konnte, was sicher auch auf die Eltern zutrifft, die etwas völlig anderes studiert haben als ihr Kind. Doch es macht dennoch einen Unterschied, ob die eigenen Eltern einen Hochschulabschluss haben oder nicht. Denn für Akademikerkinder ist es mehrheitlich gang und gäbe, zu studieren, und sie können häufig auf die Rückendeckung, Unterstützung sowie emotionale und finanzielle Absicherung ihrer Eltern zählen. Selbst mit einer hervorragenden Abiturnote ist es hingegen für Nicht-Akademikerkinder nach wie vor nicht selbstverständlich, ein Studium aufzunehmen, und sie müssen beim Bildungsaufstieg viele Hürden überwinden, nur weil sie die Ersten sind, die in ihrer Familie studieren. Sie müssen in vielerlei Hinsicht Pionierarbeit leisten.

Die Notwendigkeit eines Engagements wie das von ArbeiterKind.de bescheinigen die Studien der OECD und des Deutschen Studentenwerks seit Jahren. Denn in Deutschland lässt sich die Wahrscheinlichkeit, ob ein Kind studieren wird, am Bildungsstand der Eltern ablesen. In Zahlen ausgedrückt: Während von 100 Akademikerkindern 71 ein Studium aufnehmen, sind es von 100 Nicht-Akademikerkindern lediglich 24, die eine Hochschulausbildung beginnen. Vielleicht glauben Sie, dass eben nur 24 Schüler das Abitur erreichen und die Übrigen bereits bei dem Zugang zur gymnasialen Oberstufe scheitern. Sie liegen falsch – Fakt ist, dass von 100 Nicht-Akademikerkindern immerhin 45 Schülerinnen und Schüler die Hochschulzugangsberechtigung erhalten. Nur die Hälfte entscheidet sich also für ein Studium! Vielleicht meinen Sie, dass deren Wahl ganz bewusst auf eine Ausbildung gefallen ist und sie halt nicht studieren möchten. Aber ist es nicht seltsam, dass von den Abiturienten mit akademischem Eltern-

haus 88 Prozent studieren, während es bei den Nicht-Akademikerkindern nur 53 Prozent sind? Ich denke, wir können
davon ausgehen, dass der Notendurchschnitt bei beiden Gruppen nahezu derselbe ist. Schließlich macht ja auch nicht jedes
Akademikerkind ein Einser-Abitur. Was hält nun zum Beispiel eine Einser- oder Zweier-Abiturientin aus einer Familie
ohne Hochschulerfahrung davon ab, ein Studium aufzunehmen, wohingegen selbst für ein Akademikerkind mit Dreier-
abitur das Studium eine Selbstverständlichkeit ist? Ist es wirklich – wie vielfach behauptet – nur das fehlende Geld für die
Studienfinanzierung?

Wer wie ich aus einer Familie kommt, in der niemand zuvor studiert hat, weiß, dass die Dinge noch weitaus komplexer sind, als ich sie bislang dargestellt habe. Es geht zwar auch
um Haben und Nicht-Haben, aber nicht nur. Als Arbeiterkind
das Gymnasium zu besuchen und zu studieren heißt nämlich
auch, Bildungsausgaben und das Streben nach höherer Bildung permanent legitimieren zu müssen. Wenn man aus einfachen Verhältnissen kommt, ist man es häufig gewohnt, nur
an morgen zu denken anstatt an übermorgen. Kurzfristiges
Überleben und Durchkommen steht im Gegensatz zu langfristigen, sehr ungewiss und abstrakt erscheinenden Investitionen
in die weitere Zukunft. Als Erste zu studieren bedeutet häufig
auch, in Loyalitäts- und Identitätskonflikte zu geraten, sowie
das Bewältigen von starken Selbstzweifeln. Es geht dabei vielfach um Macht, um die Hierarchie innerhalb einer Familie, die
durch sprachliche Überlegenheit und eine höhere Bildung ver-
schoben werden können.

Vielleicht glauben Sie, dass ich mich in der Jahreszahl und

im Land geirrt habe? Keinesfalls, wir schreiben das Jahr 2011 und sind in Deutschland, wo Schüler und Studierende aus nicht-akademischen Elternhäusern, die Abitur und Studium anstreben, zahlreiche Hürden überwinden und Steine überspringen müssen, um ein Hochschulstudium aufzunehmen und erfolgreich abschließen zu können. Doch welche Hürden sind das genau, worin sind sie begründet und warum sind sie gesellschaftlich so stark akzeptiert? Und welche Steine legen wir als Gemeinschaft Nicht-Akademikerkindern auf ihrem Bildungsweg vor die Füße? Wie bewegen sie sich zwischen ihren zwei Welten? Mit welchen Problemen haben sie zu kämpfen? Welche unbewussten Mechanismen und Glaubenssätze gilt es in unserer Gesellschaft zu verändern, damit in Zukunft nicht mehr die soziale Herkunft den Bildungsweg bestimmt, sondern die persönliche Begabung? Was können wir tun, damit jeder in Deutschland sein Potenzial voll entfalten kann?

Warum ein weiteres Buch zum Thema Bildung, werden Sie sich vermutlich fragen, und warum gerade von mir? Die gewaltige Resonanz auf die Initiative ArbeiterKind.de sowie meine zahlreichen Einladungen zu Vorträgen, Podiumsdiskussionen und Hintergrundgesprächen machen mir jeden Tag aufs Neue bewusst, dass großer Aufklärungsbedarf besteht bezüglich der Frage, warum viele Nicht-Akademikerkinder trotz geeigneter Qualifikation kein Studium aufnehmen. Viele Akteure im Bildungsbereich stehen dabei vor einem großen Rätsel. Sie halten es für einen geradezu logischen und zwangsläufigen Schritt, dass alle, die das Abitur erreichen, auch anschließend ein Studium aufnehmen. Sie gehen zu Recht davon aus, dass doch alle Eltern für ihre Kinder das Beste wollen, leiten daraus jedoch fälschlicherweise ab, dass alle Eltern mit einer höheren Bildung automatisch eine höhere Lebensqualität und ein höheres Einkommen verbinden. So überrascht es mich bis heute, dass vielen die Gründe, die Nicht-Akademikerkindern den Bildungsweg erschweren und von der Aufnahme eines Studiums abhalten, völlig unbekannt sind. Denn für mich und die meisten Nicht-Akademikerkinder liegen die Antworten auf diese Fragen aufgrund unserer eigenen Erfahrungen ganz klar auf der Hand.

Von daher möchte ich mit meinem Buch diesen Aufklärungsbedarf decken, die eigentlichen Gründe nennen und mit den weitverbreiteten Vorurteilen aufräumen, Nicht-Akademikerkinder hätten einfach die schlechteren Startbedingungen und würden daher von vornherein nicht die erforderlichen Leistungen erbringen können oder das Abitur erreichen. Mir geht es auch darum, Ihnen die Lebenswirklichkeiten, die Einstellungen und die Selbstwahrnehmungen von Familien und Kindern in nicht-akademischen Milieus vorzustellen. Damit lade ich Sie ein zu einem Dialog zwischen den unterschiedlichen Lebenswelten. Sie werden Menschen kennenlernen, die vom Studium abgehalten wurden und dies noch Jahre danach bedauern; Menschen, die den schwierigen Weg auf sich genommen haben und erfolgreiche Karrieren vorzuweisen haben; Menschen, die von ihren Bildungswegen und den Hürden berichten, die sie überwinden mussten.

Mit diesem Buch möchte ich auch allen Nicht-Akademikerkindern, denen der höhere Bildungsweg zunächst verwehrt wurde und die ihn trotzdem unter schwierigen Bedingungen gegangen sind, eine Stimme geben. *Ausgebremst* soll auch all jenen eine Hilfestellung sein, die sich beruflich oder ehrenamtlich dafür engagieren, dass mehr Nicht-Akademikerkinder ein Studium aufnehmen und erfolgreich abschließen können. Und natürlich möchte ich das Ziel meiner Initiative unterstützen, mehr Nicht-Akademikerkinder zu Bildung und Studium zu ermutigen und sie auf ihren Bildungswegen zu unterstützen, damit sie ihre Potenziale entfalten können.

Mein großer Dank gilt dabei allen, die mich ermutigt und an mich geglaubt haben, die mir für die Initiative den Rücken gestärkt, mir ihr Vertrauen geschenkt und dazu beigetragen haben, die Idee ArbeiterKind.de bundesweit mit so viel Begeisterung und Leben zu erfüllen. Die Realität hat meine kühnsten Träume übertroffen und ich hätte nie gedacht, dass eine so schnell wachsende Bürgerbewegung in Deutschland möglich ist. Meine Erfahrungen in den letzten drei Jahren geben mir jedoch die Zuversicht, dass noch viel mehr möglich ist – wenn wir es nur wollen.

»OHNE HILFE KANNST DU ES NICHT SCHAFFEN«
Wie Herkunft über die Schulempfehlung bestimmt

Als mein älterer Bruder Marc die dritte Klasse besuchte, wurde mir bewusst, was für ein großes Thema und wie problematisch der Übergang von der Grundschule zur weiterführenden Schule für Familien ist. Die Stimmung bei uns zu Hause war emotional aufgeladen. Im Alter von sechs Jahren spürte ich bereits deutlich, wie Bildungsbiografien in Deutschland vom Bildungshintergrund der Eltern abhängen. Selbstverständlich war ich damals noch nicht in der Lage, diesen Zusammenhang genau zu erkennen und zu begreifen, doch ich erlebte diese Zeit als Krise in meiner Familie. Ich bekam mit, wie schwer es meinen Eltern fiel zu entscheiden, welche Schule mein Bruder ab der fünften Klasse besuchen sollte. Sie hatten Angst, einen Fehler zu machen. Die Atmosphäre war sehr angespannt, ich spürte die Unsicherheit und der Raum, den dieses Thema regelmäßig beim gemeinsamen Mittag- und Abendessen einnahm, war groß. Meine Eltern wollten das Beste für ihren Sohn. Aber was war das Beste? Würde er das Gymnasium schaffen, wäre er dort überfordert und auf der Realschule glücklicher? Hätte er trotz Wechsel auf die Realschule noch alle Möglichkeiten? Da meine Eltern ein Gymnasium selbst nie besucht hatten, konnten sie nicht einschätzen, welche Leistungen dort gefordert werden, wie schwer es wirklich ist und ob Marc es packen könnte. Bereits in der dritten Klasse empfahl ihnen sein Klassenlehrer, ihn auf die Realschule zu schicken. Dabei hatte er immer einen Notenschnitt zwischen 2,2 und 2,4 gehabt. Mein Bruder kämpfte zwar mit einer Rechtschreibschwäche, auf der der Klassenlehrer regelmäßig herumhackte und weswegen er eine Legasthenie unterstellte. Dies war aus heutiger Sicht jedoch vollkommen aus der Luft gegriffen. Meine Eltern verunsicherte diese Einschätzung und es kratzte an Marcs Selbstbewusstsein. Die Kommunikation mit dem Klassenlehrer empfanden meine Eltern als unbefriedigend, sie fühlten sich nicht ernst genommen und herablassend behandelt. Es fiel ihnen schwer, sich gegen ihn zu behaupten und Argumente einzufordern, die seine Annahme rechtfertigten, geschweige denn fiel es ihnen leicht, mit ihm zu diskutieren.

Marc selbst hatte nicht das Gefühl, sich großartig von den anderen Kindern zu unterscheiden. Er war im Unterricht in sämtlichen Fächern immer vorne mit dabei. Amüsiert erinnert er sich noch heute an eine Deutschstunde, in der sein Klassenlehrer Unterrichtsbesuch bekam und auf einmal eine ungewöhnlich anspruchsvolle, abwechslungsreiche und interessante Unterrichtsstunde hielt. Sie sollten eine Fabel interpretieren. Mein Bruder war darüber hellauf begeistert und schmiss geradezu den Unterricht, da er den Stoff endlich einmal als spannend empfand und sich gefordert sah. Dies änderte jedoch nichts an der Empfehlung des Klassenlehrers für die Realschule. Marc weiß noch gut, dass eine seiner Mitschülerinnen damals zu ihm sagte: »Meine Schwester ist auf dem Gymnasium und die muss ganz schön hart arbeiten. Marc, das schaffst du nicht.«

Letztendlich fragten meine Eltern meinen Bruder – er war

damals zehn Jahre alt –, auf welche Schule er denn gehen wolle. Er antwortete wie aus der Pistole geschossen: »Aufs Gymnasium!« Heute sagt er dazu: »Ich weiß nicht warum, aber mir war irgendwie schon damals klar, dass es besser ist, auf dem Gymnasium in der Mitte mitzuschwimmen, als auf der Realschule vorne mit dabei zu sein.« Glücklicherweise bekam Marc in der vierten Klasse eine neue Klassenlehrerin, die ihm zumindest eine bedingte Empfehlung für das Gymnasium ausstellte, weswegen er sich dort persönlich vorstellen musste. Der für die Zulassung zuständige Lehrer sagte dann gelassen: »Rechtschreibung kann man lernen!« – und mein Bruder ging aufs Gymnasium.

Als Marc in der siebten Klasse im Firmunterricht der Gemeinde ehemalige Klassenkammeraden aus seiner Grundschulzeit wieder traf, stellte er verwundert fest, dass er den Realschülern im Lesen weit voraus war, obwohl viele von ihnen in der vierten Klasse darin besser gewesen waren als er. Mein Bruder hatte eher im Mittelfeld gelegen. Ihre Leistung war seitdem nicht viel besser geworden, sie stagnierte eher. Folglich sah er sich bestätigt in seinem Entschluss, aufs Gymnasium zu gehen, und in seiner Einschätzung, dass dies mit größeren Lernfortschritten verbunden ist – selbst wenn man nicht zu den Leistungsstärksten zählt.

Sein Abitur schloss Marc mit 2,0 ab. Insbesondere in der Oberstufe hatte er richtig durchgestartet – auch im Deutschunterricht. Ganz anders einer der besten Schüler aus seiner Grundschulklasse, der aus einer Akademikerfamilie stammt und ohne Probleme zum Gymnasium gewechselt war, jedoch in der Mittelstufe aufgrund seiner schwachen Leistungen abgehen musste. Die beste Schülerin aus Marcs Grundschulklasse stammt hingegen wie wir aus einer Familie, in der noch niemand studiert hatte. Sie war trotz Gymnasialempfehlung auf die Realschule gegangen und hatte anschließend eine Ausbildung bei der Polizei gemacht. »Sie hätte das Gymnasium sicherlich locker geschafft und studieren können«, meint mein Bruder und ärgert sich über die Verschwendung solch eines Potenzials. Soweit er sich erinnern kann, hatte die Mutter der ehemaligen Mitschülerin wohl große Angst, ihre Tochter auf dem Gymnasium nicht unterstützen zu können, sodass sie die »sichere« Variante Realschule, vorzog. Lieber auf jeden Fall erfolgreich auf der Realschule, als vielleicht auf dem Gymnasium zu scheitern. Lieber eine gute Realschülerin als eine schlechte Gymnasiastin.

Sie sehen das auch so? Vielleicht fragen Sie sich auch, was denn so schlimm daran ist, auf die Realschule zu gehen. Wenn es egal ist, auf welche weiterführende Schule ein Kind geht und der Wechsel auf eine höhere Schulform jederzeit angeblich so einfach ist, würde ich gern wissen, warum dann noch so viele – insbesondere Eltern, die studiert haben – mit allen Mitteln darum kämpfen, dass ihre Kinder auf ein Gymnasium gehen. Sie tun es, weil sie wissen, dass es vor allem theoretisch möglich ist. In der Praxis verhält es sich jedoch ganz anders. Wenn man erst mal in einer Schulform gelandet ist, ist der Bildungsweg stark vorgezeichnet und es ist mit einem großen Zeit- und Kraftaufwand verbunden, möchte ein Schüler auf eine höhere Schulform wechseln oder später einen höheren Bildungsabschluss nachholen. Wissenschaftler bescheinigen schon seit Jahren zum Beispiel in der regelmäßig durchgeführten Sozialerhebung des Deutschen Studentenwerks, dass die Aufteilung der Schüler auf unterschiedliche Schulen nach der Grundschule die schwerwiegendsten Folgen hat: »Die nachhaltigste Selektionswirkung geht nach wie vor von der ersten Bildungsschwelle aus. Diejenigen, welche die dritte oder vierte Schwelle erreichen, stellen eine bereits erheblich – und keineswegs nur nach Leistungsmerkmalen – ›vorgefilterte‹ Gruppe dar. Korrekturen einmal getroffener Bildungsentscheidungen sind häufig nur auf Umwegen realisierbar und mit zum Teil erheblichen Zeitverlusten verbunden.«[1]

Jede weiterführende Schule legt nach dem Abschluss entweder einen oder mehrere mögliche Bildungspfade nahe, beim Gymnasium sind es nach dem Abitur Studium oder Ausbildung, Realschule oder Hauptschule sehen eigentlich nur eine Ausbildung beziehungsweise Lehre vor. Möchte man von einem dieser Pfade abweichen, braucht man ein großes Selbstbewusstsein, um allerlei Hürden zu überwinden und sich durchzusetzen. Wer selbst eine Haupt- oder Realschule besucht hat, weiß, dass die von dort zum Gymnasium zu überwindende Kluft sehr groß erscheint und dass somit ein Wechsel zum Gymnasium auch von Lehrer- und Elternseite kein Thema ist. Viele Realschüler – selbst solche mit Einser-Abschluss – übernehmen diese Haltung von Lehrern und Eltern und daher bleibt ein Wechsel die Ausnahme. Im nächsten Kapitel werde ich darauf noch genauer eingehen.

Dass sich die Folgen der Ansicht, lieber eine gute Realschülerin als eine schlechte Gymnasiastin zu sein, auch auf die Lernfortschritte negativ auswirkt, konnte ich beobachten, als in der elften Klasse einige Realschülerinnen in unsere Jahrgangsstufe kamen, um mit uns das Abitur zu machen. Obwohl sie auf jeden Fall das intellektuelle Potenzial hatten, den Stoff zu bewältigen, hatten sie ganz schön zu kämpfen, da sie vieles nachholen mussten. Häufig waren die schlechtesten Schüler unserer Stufe noch besser als sie. Diese hatten zwar über Jahre keine glorreichen Leistungen erbracht, aber die Grundlagen mitbekommen. Beispielsweise hatten auch die faulsten Schülerinnen und Schüler nach fünf Jahren Gymnasium mitbekommen und verinnerlicht, wie in Deutsch eine Textinterpretation aufgebaut ist. Für die Realschülerinnen war das alles neu und nicht nur im Deutschunterricht so, sondern in sämtlichen Fächern: Englisch, Mathe, Chemie, Physik. Sie mussten nicht nur neue Inhalte lernen, sondern sich auch noch die Grundlagen aneignen, auf denen diese basierten. So hingen sie in sämtlichen Fächern immer doppelt hinterher.

Jana kann das alles bestätigen. Mit einem Abschluss von 1,5 wechselte sie als Zweitbeste in der Klasse in die Oberstufe des Gymnasiums. Dank sehr guter Lehrer in den Naturwissenschaften verfügte sie in Mathe, Chemie und Physik über solide Grundlagen, aber in den Sprachen Deutsch, Englisch und Französisch, die ihr eigentlich auf der Realschule sehr viel Spaß gemacht hatten, erwischte es sie kalt. Ihre erste Englischnote war eine Fünf und sie traute ihren Augen nicht, als sie die korrigierte Klausur voll roter Anmerkungen zurückbekam. Auf der Realschule musste sie in den Arbeiten lediglich Fragen zum Text beantworten, die sie vorher schon im Unterricht durchgenommen und beantwortet hatten. Der Begriff »Summary«, der Inhaltsangabe bedeutet – die im Englischunterricht am Gymnasium in der Regel spätestens ab der siebten Klasse rauf und runter geübt wird – sagte ihr nichts.

»In der Klausur selbstständig unbekannte und anspruchsvolle Texte zusammenzufassen kannte ich gar nicht«, erzählt sie. In ihrem Lieblingsfach Französisch lief es auch nicht so viel besser. Während sie an der Realschule in dem Fach sehr gelobt worden war und von sich aus begonnen hatte, *Der kleine Prinz* im Original zu lesen, standen in der elften Klasse philosophische Texte von Jean-Paul Sartre auf dem Lehrplan. Damit noch nicht genug. Als ehemals auf der Realschule Klassenbeste in Französisch verstand sie viele der Formulierungen nicht, die ihre Mitschüler auf dem Gymnasium verwendeten. Von der Ausdrucksweise einiger Lehrerkinder im Deutschunterricht war sie irritiert, sie empfand ihre Art zu reden als geschwollen, sie benutzten Fremdwörter, die sie nicht verstand. Jana war völlig baff und desillusioniert. Den unerwarteten Abstieg von der Zweitbesten in der Realschule zum unteren Drittel auf dem Gymnasium, ihre Fünf in Englisch und die insgesamt neue Schulwelt musste sie erst mal verarbeiten. Die elfte Klasse war hart für Jana, sie musste sich zunächst im neuen sozialen Umfeld und auch in fachlicher Hinsicht zurechtfinden.

Wenn sie heute hört, dass an vielen Schulen die Oberstufe verkürzt wird, tun ihr diejenigen leid, die von der Realschule aufs Gymnasium wechseln wollen. »Das geht gar nicht«, sagt sie. »Hätte ich die Elfte nicht gehabt, hätte ich wiederholen müssen.« Ihre jüngere Schwester ist zum Glück gleich von der Grundschule zum Gymnasium gegangen, ihr fiel alles leichter, die elfte Klasse empfand sie als ruhig und den Stoff gut zu bewältigen, für sie ging es einfach ganz normal weiter.

Ihre Grundschullehrerin verflucht Jana heute noch. Denn sie gab ihr eine Hauptschulempfehlung – bei zwei Einsen, überwiegend Zweien, zwei Dreien und einer Vier in Mathe. Wegen der Vier in Mathe wollte die Lehrerin sie auf die Hauptschule schicken. Jana schaute sich damals gemeinsam mit ihrer Mutter die örtliche Hauptschule an und flehte sie daraufhin an: »Da will ich nicht hin, das macht mir Angst!« Ihre Mutter ist Köchin, der Vater Maurer. Die Mutter ließ sie schließlich auf die Realschule gehen. Bei den Kindern in ihrer Klasse, deren Eltern studiert hatten, war schon lange klar gewesen, dass sie aufs Gymnasium gehen würden. Auf der Realschule stand Jana bereits in der fünften und sechsten Klasse in Mathe auf Eins. Einem ihrer ehemaligen Mitschüler, der gleich aufs Gymnasium gewechselt hatte, gab sie Mathenachhilfe. Mit einer sehr guten Freundin, die ebenfalls direkt das Gymnasium besuchte, hielt sie weiterhin Kontakt und stellte fest, dass sie in Englisch und Französisch die gleichen Schulbücher hatten, aber die Klasse der Freundin viel schneller vorankam. »Die waren uns häufig 30, 40 oder 50 Seiten voraus und ich habe gedacht: ›Mein Gott, wie weit sind die denn schon?‹ Wir sind dagegen häufig mit den Schulbüchern bis zum Schuljahresende gar nicht durchgekommen.«

Aus heutiger Sicht findet Jana, dass in der siebten Klasse eine gute Möglichkeit gewesen wäre, um aufs Gymnasium zu wechseln. »Dann hätte ich sie noch einholen können.« Aber damals kam ihr das überhaupt nicht in den Sinn. Sie war in die Klassengemeinschaft integriert, hatte Freunde und eigentlich lief ja alles gut. Wie soll man da auf die Idee kommen, doch noch aufs Gymnasium zu wechseln? Wenn Jana mal eigene

Kinder hat, will sie sie, soweit es eben möglich ist, direkt aufs Gymnasium schicken: »Da lernen sie viel mehr und haben alle Möglichkeiten.« Jana hat ihr Abitur mit 2,8 gemacht. Dafür, dass sie sehr zu kämpfen hatten, eine gute Leistung, aber zufrieden ist sie damit nicht. Sie ist sich sicher, dass sie einen besseren Abschluss hinbekommen hätte, wäre sie gleich oder in der siebten Klasse aufs Gymnasium gewechselt. Obwohl Jana inzwischen studiert hat und beruflich sehr erfolgreich ist, denkt sie häufig über ihre Bildungsbiografie nach. Wenn sie in den Medien die Schuldiskussionen verfolgt und Menschen sagen hört, man könne ja immer noch wechseln, macht sie das wütend. Dass der Lernvorsprung nur schwer einzuholen ist und dass einen die Lücken bis zum Abitur und häufig auch noch im Studium verfolgen, weiß sie aus ihrer eigenen sowie der Erfahrung von Freunden und vielen anderen. Eine Bekannte kam von der Hauptschule mit ihr aufs Gymnasium. »Sie war wirklich begabt, aber die musste noch mehr kämpfen als ich. Ihr fehlte ja auch noch die zweite Fremdsprache. Ich habe sie sehr dafür bewundert, dass sie sich da durchgekämpft hat.« Hier bewahrheitete sich erneut die Erkenntnis meines Bruders, die er glücklicherweise schon in der Grundschule gewonnen hat. Es lässt sich beobachten, dass die Lernfortschritte eines schlechten Gymnasiasten häufig höher sind als die eines sehr guten Realschülers. Ersterer erreicht zudem mit einer höheren Wahrscheinlichkeit das Abitur als ein sehr guter Realschüler. Somit stehen dem Gymnasiasten auf seinem Bildungsweg mehr Optionen offen als Letzterem. Dass es eher von Glück und Zufall bestimmt ist, als dass Leistung und Potenzial darüber entscheiden, ob ein sehr guter Realschüler noch Abitur macht und studiert, werde ich an weiteren Beispielen im nächsten Kapitel deutlich machen.

Wenn Sie denken, dass ich mich angesichts der aktuellen Reformen, die in einigen Bundesländern bereits zur Abschaffung von Hauptschulen oder ihrer Zusammenlegung mit Realschulen geführt haben, zu sehr auf das dreigliedrige Schulsystem beziehe, gebe ich Ihnen durchaus Recht. Dies liegt daran, dass ich selbst sowie die aktuell Studierenden dieses System durchlaufen haben und ihre Bildungsbiografie davon geprägt wurde. Dennoch reicht aus meiner Sicht die Zweigliedrigkeit allein nicht aus, um besser und angemessener zu fördern beziehungsweise mehr Schüler zu einem höheren Bildungsabschluss zu motivieren und zu verhelfen. Denn das Problem sind die Denkschemata, wonach Schüler in Schubladen gesteckt werden, aus denen sie nur schwer wieder herauskommen. Es wird zwar behauptet, dass das System Schule durch diese Reform durchlässiger werde, woran ich jedoch meine Zweifel habe. So erlebte ich beispielsweise auf einer Tagung, wie ein Schulleiter seine integrierte Real- und Hauptschule vorstellte. Dort würden die Schüler zunächst entsprechend ihrem Leistungsniveau in die Kategorien A, B oder C eingeteilt werden. Sollten sie sich in einzelnen Fächern verbessern oder verschlechtern, so könnten sie in die entsprechend höhere oder niedrigere Stufe wechseln. Daraufhin fragte ich nach, wie häufig dies denn schon vorgekommen sei, woraufhin er einräumte, dass es bislang noch keine Wechsel gegeben hätte.

Das, worauf es ankommt, ist also nicht nur, dass neue Möglichkeiten zur Leistungssteigerung und des Wechsels in eine andere Förderungsstufe geschaffen werden, sondern alle Beteiligten müssen sich dieser Möglichkeit auch bewusst sein – Lehrer, Schüler und auch Eltern. Erst dann werden Fortschritte in der Praxis erzielt.

Die Niederländer sind uns diesbezüglich weit voraus. Dort wird ebenfalls früh selektiert, dennoch erlangt eine größere Zahl von Schülern auf unterschiedlichem Wege die Hochschulzugangsberechtigung als in Deutschland. Bei uns sind die Alternativen, die Hochschulreife zu erlangen und zu studieren, zwar ähnlich vielfältig, doch nach meiner Erfahrung nicht ausreichend bekannt und sie werden zu selten genutzt. Wir können noch so viel reformieren, solange wir nicht anders denken, lösen sich unsere Probleme nicht.

Vielleicht werden Sie nun sagen: »Mein Gott, man kann ja auch ohne Abitur und Studium mit einer Ausbildung glücklich werden. Es müssen doch nicht alle die Hochschulreife erlangen und studieren!« Auch in diesem Punkt stimme ich Ihnen vollkommen zu. Zu Recht ist Deutschland für die Qualität seines dualen Ausbildungssystems bekannt und es liegt mir fern, dieses abwerten zu wollen. Wenn jemand eine Ausbildung machen möchte und dies genau seinen Talenten und seinem Wunsch entspricht, so soll er das machen, und ich würde ihn in dieser Entscheidung auch bestärken. Nicht einverstanden bin ich allerdings, wenn keine freie, sondern nur eine scheinbare Wahlmöglichkeit des individuellen Bildungswegs existiert, weil diese in der Praxis durch die soziale Herkunft aus verschiedenen Gründen eingeschränkt wird. Zudem ist mein persönlicher Wunsch, dass wir jeden dazu ermutigen und dabei unterstützen, den für sie oder ihn höchstmöglichen Bildungsabschluss zu erreichen.

Dies führt zum Thema der Wertschätzung von Bildung und der Frage, warum es für die Mehrheit der Akademikerfamilien so wichtig ist und warum sie so sehr dafür kämpfen, dass ihre Kinder Abitur machen, zur Uni gehen und ihnen immer möglichst viele Optionen offenstehen. Weil sie wissen, dass der Bildungsabschluss über die zukünftigen Berufs- und Verdienstchancen sowie die gesellschaftliche Position ihrer Kinder entscheiden wird. Gern stelle ich übrigens Menschen, die behaupten, es sei doch nicht so wichtig, auf welche Schule man gehe und ob man studiere, die Frage, ob das auch für ihre eigenen Kinder gelte. In den meisten Fällen höre ich dann: »Also, meine Kinder machen natürlich Abitur und gehen studieren, aber alle müssen das ja nicht machen.« Häufiger habe ich auch schon folgenden Satz gehört: »Wer soll denn dann mein Auto reparieren oder bei der Müllabfuhr arbeiten?«

Zudem habe ich beobachtet, dass viele unterschätzen, welche Bedeutung es für Menschen haben kann, dass sie ausgebremst werden und dies erst zu einem Zeitpunkt merken, wenn es kaum noch zu korrigieren ist. Wir denken häufig, es sei besser, auf Nummer sicher zu gehen und unter seinem Potenzial zu bleiben als zu scheitern. Die Meinung, Scheitern sei das Schlimmste, was einem passieren kann, scheint in Deutschland weit verbreitet zu sein. Doch diejenigen, denen bewusst ist, dass sie ausgebremst wurden, werden Ihnen sagen: »Nein, das Schlimmste ist am Ende nicht das Scheitern, sondern die nicht gelebten Träume, die einen nicht loslassen.«

Derselben Ansicht ist auch Petra. Dank eines Lehrers besuchte sie zwar das Gymnasium, dennoch war der Weg, anschließend eine Ausbildung zu machen, trotz eines Abiturs von 1,8 für sie vorgezeichnet, weil in ihrer Familie niemand einen Hochschulabschluss hatte und die Eltern diesen aus finanziellen Gründen für ihre Tochter ausschlossen. Sie bedauert noch heute, dass sie nicht studiert hat. So richtig bewusst wurde Petra dies, als sie ihre zehnjährige Tochter vor einigen Monaten zur Kinder-Uni brachte und mit ihr im Hörsaal stand. Sie hatte Tränen in den Augen und dachte: »Wow, das wäre auch was für mich gewesen!« Und zu ihrer Tochter sagte sie: »Hier kannst du irgendwann mal studieren, danach steht dir die Welt offen!«

Ich finde, nur weil mal etwas nicht klappt, wenn man mal etwas nicht schafft, heißt es nicht gleich, dass man für sein Leben gescheitert ist. Man kann vielmehr daraus lernen und vielleicht einen anderen Weg einschlagen oder einen kleinen Umweg nehmen, um zum Ziel zu kommen. Für viele studierte Eltern ist Scheitern hingegen keine Option. Sie versuchen auf Biegen und Brechen, ihre Kinder zum Abitur zu führen, damit denen in ihrem Leben noch alle Bildungs- und Berufsoptionen offenstehen. Abgesehen davon, dass es volkswirtschaftlich betrachtet eine große Verschwendung ist und wir es uns angesichts des demografischen Wandels und dem damit einhergehenden bevorstehenden Fachkräftemangel nicht mehr leisten können, dass Menschen ihr Potenzial nicht voll ausschöpfen, leiden viele Menschen wie Petra darunter, dass sie aus sich mehr hätten machen können. Manche begreifen ihr Leben lang nicht, woran es gelegen hat, andere stellen irgendwann fest, wer oder was sie davon abgehalten hat, und sind einfach nur frustriert. Sie fühlen sich ungerecht behandelt und ohnmächtig. So versucht Petra heute, wenigstens die Kinder in ihrem Umfeld davor zu bewahren, unter ihren Möglichkeiten zu bleiben. Kürzlich wurde zum Beispiel eine ihrer Freundinnen, die auch nicht studiert hat, bereits zum zweiten Mal ins Gymnasium zitiert, auf das ihr Sohn nach der Grundschule wechseln soll. Noch einmal wollte man mit ihr darüber sprechen, ob er auch wirklich dafür geeignet ist. Bei Petra gingen daraufhin die Warnsignale an und sie redete auf ihre Freundin ein: »Lass dich nicht einschüchtern, es geht nicht darum, ob ihr Akademiker seid oder nicht!« Bei dem Gespräch entgegnete die Freundin dann dem skeptischen Lehrer: »Wir haben zwar nicht studiert, aber mein Mann hat Abitur. Und wir sind überzeugt, dass unser Sohn das Gymnasium schafft!« Der Lehrer hat daraufhin etwas herablassend gelächelt und geantwortet: »Ist ja schon gut, an Ihrer Stelle würde ich das ja auch so machen!« Die Eltern atmeten tief durch, inzwischen geht ihr Sohn aufs Gymnasium und Petra ist zufrieden, dass sie ihrer Freundin helfen konnte, sich durchzusetzen. »Es ist doch unglaublich, es macht wirklich einen Unterschied, ob Eltern studiert haben oder nicht, aber das sollte doch nicht der entscheidende Punkt sein!«, findet Petra.

Es stellt sich in der Tat die Frage, warum es vor allem Kindern aus Akademikerfamilien in Deutschland vorbehalten sein soll, auf eine Schule zu gehen, wo sie gefordert und gefördert werden. Weshalb dürfen sie mehr als alle anderen ihre Leistungsgrenzen austesten und sich ausprobieren? Warum hat man bei ihnen mehr Geduld, lässt sie auch mal eine Ehrenrunde drehen und die Schule wechseln, wenn andere noch nicht einmal die Chance erhalten? Aus welchem Grund haben Kinder aus Nicht-Akademikerfamilien häufig kein Recht darauf? Warum wird vielen vorher schon gesagt, dass sie es ja ohne Geld und Unterstützung der Eltern eh nicht schaffen? Läuft da nicht etwas falsch? Sollte nicht jeder unabhängig von seiner Herkunft sein Potenzial entfalten dürfen? Sollten wir nicht für die bestmögliche Bildungsbiografie der Kinder aus Nicht-Akademikerfamilien genauso kämpfen, wie es die Eltern mit Hochschulabschluss für ihre Kinder tun? Warum werden Erstere ausgebremst, indem ihnen etwa gesagt wird »Ohne Hilfe kannst du es nicht schaffen!«, und Kindern aus Akademikerfamilien wird mit den entsprechenden Mitteln für Nachhilfe und andere Arten der Unterstützung auf die Sprünge geholfen? Weswegen beschweren wir uns einerseits darüber, dass die Bildungsbiografien in Deutschland von der Herkunft bestimmt werden, aber setzen andererseits diese Entwicklung fort, indem wir Kindern aus Nicht-Akademikerfamilien hochqualitativen Unterricht und Hausaufgabenbetreuung vorenthalten? Warum werden sie auf ihrem Bildungsweg schon so früh eingeschränkt? Weshalb werden nicht alle Kinder ermutigt, wird nicht allen gesagt: »Du schaffst das schon!«?

In vielen Gesprächen in unserem ArbeiterKind.de-Netzwerk, aber auch in wissenschaftlichen Studien kristallisieren sich immer wieder insbesondere drei Phänomene heraus, die – häufig auch in Kombination – dazu führen können, dass nicht die Leistung von Schülern darüber entscheidet, ob sie nach der Grundschule auf Haupt-, Realschule oder Gymnasium wechseln, sondern der Bildungshintergrund der Eltern. Wie am Beispiel meines Bruders deutlich wird, ist es für Nicht-Akademikerkinder auch bei guten Ergebnissen häufig viel schwerer, eine Gymnasialempfehlung zu erhalten und wahrzunehmen als für Schüler, deren Eltern studiert haben. Das liegt zum einen daran, dass sie häufig aus Lehrersicht höhere Leistungen erbringen müssen als Akademikerkinder. Zum anderen schicken ihre Eltern sie selbst bei vorhandener Gymnasial- oder Realschulempfehlung auf die Real- beziehungsweise Hauptschule und unterschreiten somit die Empfehlung des Lehrers, wie dies bei der besten Schülerin in Marcs Klasse der Fall war. Der dritte Grund ist der sogenannte Peer-Group-Effekt, das heißt, Kinder möchten mit ihren Freunden zusammenbleiben und gemeinsam mit ihnen auf eine andere Schule wechseln. Zwar sind Freundeskreise in der Grundschule noch am ehesten durchmischt, doch es ist in der Regel der Stadtteil, der bestimmt, welche Grundschule man besucht. Wie wir wissen, setzt sich eine Nachbarschaft aus Familien mit ähnlichem Hintergrund zusammen, sodass sich Kinder letztlich doch an den Freunden orientieren, die wie sie selbst aufgewachsen sind, und sich somit für dieselbe Schulform entscheiden. Zu den Schülern, die trotz guter Leistung vom Lehrer nicht fürs Gymnasium empfohlen werden, sowie jenen, die von ihren Eltern davon abgehalten werden, kommen noch all die hinzu, die von sich aus nicht wollen, weil sie mit diesen befreundet sind und sich nicht vorstellen können, getrennte Schulen zu besuchen. Des Weiteren trauen sich Nicht-Akademikerkinder häufig nicht zu, aufs Gymnasium zu gehen, auch wenn sie eine entsprechende Empfehlung vom Lehrer erhalten haben. Wenn in der Familie noch niemand Abitur gemacht hat, besteht keine Vorstellung davon, welche Leistungen dafür erbracht werden müssen und ob dies zu schaffen ist. Ängste, die in der Grundschule vor den hohen Anforderungen des Gymnasiums geschürt werden – sei es von Lehrern, anderen Eltern oder Mitschülern –, fallen daher auf fruchtbaren Boden und verstärken die eigenen Selbstzweifel.

Die Internationalen Grundschul-Lese-Untersuchungen (IGLU) von 2001 und 2006 haben wissenschaftlich belegt, dass Schüler aus Nicht-Akademikerfamilien deutlich höhere Leistungen erbringen müssen, damit Lehrer und Eltern bereit sind, sie aufs Gymnasium zu schicken. Lehrer empfehlen Kinder von Eltern aus der sogenannten obersten Dienstklasse, also der höchsten sozialen Schicht, bereits bei einer Leseleistung von 537 Punkten für das Gymnasium, während die Eltern schon bei einem Ergebnis von 498 dafür plädieren. Dies steht in starkem Kontrast zum unteren Ende der Skala: So müssen Kinder von un- beziehungsweise angelernten Arbeitern sowie Landarbeitern aus Sicht der Eltern eine Leseleistung von 614 Punkten erbringen, um fürs Gymnasium empfohlen zu werden, wobei Lehrer bei 606 Punkten dazu tendieren, dem Besuch des Gymnasiums zuzustimmen.[2] Darauf aufbauend berechneten die Wissenschaftler die Chancen, dass ein Schüler von Lehrer und Eltern fürs Gymnasium empfohlen wird. Sie kamen zu dem Ergebnis, dass nicht Leistung und Fähigkeiten eines Kindes darüber entscheiden, sondern die soziale Herkunft: »Bei gleichen kognitiven Fähigkeiten und gleicher Leseleistung haben Kinder von Eltern aus der oberen Dienstklasse eine mehr als zweieinhalb Mal so große Chance, von ihren

Lehrern eine Gymnasialpräferenz zu erhalten als Kinder von Facharbeitern und leitenden Angestellten. Die Chance, von ihren Eltern eine Gymnasialpräferenz zu erhalten, ist sogar 3,8 Mal so hoch.«[3]

Die Pisa-Studie 2006 hat zudem ergeben, dass sich der Anteil der Gymnasiasten aus Familien der höchsten sozialen Schicht zwischen 47 Prozent in Bayern und 63 Prozent in Brandenburg bewegt. Kinder von un- und angelernten Arbeitern im Alter von 15 Jahren sind mit lediglich 8 Prozent in Bayern und bis 20 Prozent in Thüringen am Gymnasium vertreten. Darüber hinaus zeigt eine aktuelle Studie, dass 17 Prozent aller deutschen Schüler eine Schulform besuchen, die unter ihrem eigentlichen Leistungsniveau liegt. Dies gilt insbesondere für Kinder mit nicht-akademischem Hintergrund.

Immer wieder wird deutlich, wie zentral die Funktion von Lehrern und Eltern ist, wenn es darum geht, welche Schule besucht, ob studiert oder eine Ausbildung gemacht werden soll – sowohl im positiven als auch im negativen Sinne. »Menschen, die mit Kindern und Jugendlichen arbeiten, haben eine enorme Verantwortung und entscheidenden Einfluss auf die Bildungsbiografie«, meint auch Burkhard Schwenker, Jahrgang 1958, der ebenfalls als Erster in seiner Familie den Schritt an die Universität wagte und sich bis zum Vorstandsvorsitz von der Unternehmensberatung Roland Berger hochgearbeitet hat. Noch heute ist er seinem Hauptschullehrer sehr dankbar, denn hätte er die Eltern nicht dazu bewegt, ihn auf eine Aufbau-Realschule zu schicken, hätte er wahrscheinlich nie Abitur gemacht. Alle in seiner Familie sind auf die Hauptschule gegangen und haben danach eine Lehre gemacht. Schwenkers

Vater ist Tischler und wollte, dass sein Sohn einmal seine Firma übernimmt. Doch nach dem Realschulabschluss entschied sich Burkhard gegen den Wunsch seiner Eltern, ging stattdessen aufs Gymnasium und machte Abitur. In seinem ostwestfälischen Heimatdorf war dies damals nicht üblich, denn nur die Kinder von Lehrern, Ärzten und Apothekern gingen aufs Gymnasium, was für Burkhard Schwenker nicht vorgesehen war. Dies lag jenseits der Vorstellungskraft seiner Eltern.

Melanie ist im Ruhrgebiet aufgewachsen. In der Grundschule war sie gut, besonders in Mathe. Ihr Vater ist Verkäufer, die Mutter arbeitet als Krankenschwester. Nach der vierten Klasse wollte Melanies Lehrerin sie unbedingt aufs Gymnasium schicken. Doch der Vater erwiderte, seine Tochter wechsle auf die Realschule, das sei normal und sie sei doch auch viel zu still. Die Lehrerin setzte sich daraufhin für Melanie ein, stritt sich mit dem Vater, doch ohne Erfolg. Die Mutter reagierte zunächst offen, doch übernahm dann die Position des Vaters und meinte: »Ja, das machen wir so. Melanie geht auf die Realschule.« »Und dann habe ich dieser Entscheidung irgendwann auch einfach so zugestimmt«, sagt Melanie heute. »In meinem ganzen Umfeld war das so, alle sind auf die Realschule gegangen. Die Hälfte der Leute, die ich kannte, sind dorthin gewechselt.« Aus Sicht der Eltern und des sozialen Umfelds sollte sie möglichst schnell die Schule abschließen, eine Ausbildung machen, Geld verdienen und der Familie nicht mehr auf der Tasche liegen, sondern diese auch noch finanziell unterstützen. »Ich dachte, es wäre okay so«, erzählt Melanie. Ihrer jüngeren Schwester erging es später ebenso. Sie hatte sogar noch bessere Noten als Melanie. Auch diesmal setzte sich die Grundschullehrerin ein, die sich schon für Melanie stark gemacht hatte. Erneut vergeblich, auch die jüngere Tochter ging auf die Realschule.

Tanja wiederum sah als Grundschülerin ganz gebannt einen Tierfilm im Fernsehen und fragte daraufhin ihre Mutter, was man denn machen müsse, wenn man wie der Mann im Fernsehen Tiere beobachten und schützen will. »Diesen Gedanken hatte ich schon lange mit mir herumgetragen«, berichtet sie. »Ich hatte nur gar keine Ahnung, wie man dort hinkommt.« Die Mutter recherchierte und fand schließlich heraus, dass Tanja dafür Biologie studieren müsse. Ihre Tochter war zu dem Zeitpunkt keine so gute Schülerin, aber als sie erfuhr, dass man aufs Gymnasium muss, um später studieren zu können, und dass man für den Übertritt dorthin bessere Noten braucht als sie, fing Tanja an, sich etwas aus guten Zensuren zu machen und sich anzustrengen. Ihre Lehrer wussten aber erst mal nichts von ihrem Plan. Zufällig erwähnte Tanja dann einmal im Religionsunterricht, dass sie Biologie studieren will und deshalb aufs Gymnasium gehen werde. Daraufhin rannte die Religionslehrerin umgehend zur Klassenlehrerin, die sofort Tanjas Mutter zum Gespräch einbestellte. »Sie hat meiner alleinerziehenden Mutter dann eindringlich und in einem abfälligen Tonfall erzählt, dass ›solche Kinder‹ aus ›bildungsfremden Schichten‹ eh wieder zurückkämen und man die Kinder nur quälen würde, wenn man sie auf die höhere Schule schickt und sie dort versagen. Und meine Mutter sei ja finanziell eh nicht in der Lage, ihre Tochter auf die Uni zu schicken. Aufgrund ihrer langjährigen Erfahrung wisse sie, dass ›solche Kinder‹ eh auf die Hauptschule kommen, die würden das nie schaffen.« Trotz dieses einschüchternden Vortrags stand Tanjas Mutter weiterhin hinter ihr und ihrem Wunsch. »Ohne ihre Unterstützung hätte ich mich wahrscheinlich von der Lehrerin kleinkriegen lassen, denn ich war immerhin noch ein Kind«, meint Tanja.

Die Lehrerin gab zwei anderen Schülern in ihrer Klasse, die ebenfalls aufs Gymnasium wollten, immer Extraaufgaben. Die Eltern des einen waren selbstständig und die des anderen Akademiker. Sie waren nur in Tanjas Klasse gelandet, weil sie evangelisch sind. All die anderen Kinder von Geschäftsleuten und Akademikern waren in der Parallelklasse versammelt gewesen. Die mit Migrationshintergrund, aus Arbeiterfamilien und Nicht-Katholiken in Tanjas Klasse. Die Sonderaufgaben hatten es in sich, einer der Schüler steckte sie Tanja, der sie vorenthalten wurden, manchmal heimlich zu. Stattdessen bekamen sie und ihre Mutter direkt ins Gesicht gesagt, dass sie Tanja keine Gymnasialempfehlung ausstellen werde. »Und das hat sie dann auch knallhart durchgezogen«, erzählt Tanja. »Sie korrigierte auch alle meine Schulaufgaben und die Grenze zwischen Eins und Drei kann ja sehr fließend sein. Das war sehr hart für mich, aber ich wollte trotzdem aufs Gymnasium.« In der vierten Klasse hatte Tanja endlich Glück und bekam eine tolle engagierte Lehrerin. Diese lehnte es ab, die Berichte über die Schülerinnen und Schüler ihrer Vorgängerin zu lesen, vielmehr wollte sie sie selbst kennenlernen und sich ihr eigenes Urteil bilden. All die Vorurteile gegenüber den »wilden Jungs« übernahm sie nicht und nicht nur Tanja, sondern auch vielen Mitschülern ging es auf einmal viel besser in der Schule. Tanja konnte schließlich nur ein Jahr später mit drei Einsen im Übertrittszeugnis, ohne Probezeit und ohne die Notwendigkeit einer Empfehlung der Klassenlehrerin aufs Gymnasium wechseln. Bei der Verleihung der Abiturzeugnisse wurde Tanja als Jahrgangsbeste in den naturwissenschaftlichen Fächern mit dem Buchpreis der Stiftung für Chemie ausgezeichnet. Anschließend machte sie ihren Traum wahr und studierte Biologie. Derzeit schreibt sie ihre Doktorarbeit. Auf ihre damalige Klassenlehrerin, die sie nicht empfehlen wollte, ist sie immer noch wütend. »Ohne die Unterstützung meiner Mutter wäre ich nie so weit gekommen«, sagt sie gerührt. Die Finanzierung des Studiums war für Tanja und ihre Mutter hart, da hatte die Lehrerin recht gehabt, aber sie war machbar und Tanja hat es geschafft.

Vor einiger Zeit traf ich auf einer Tagung Grundschullehrer. Die Gelegenheit wollte ich nutzen, um mich mit ihnen über das heikle Thema Empfehlung für die weiterführende Schule auszutauschen. Dabei stellte ich fest, dass sie sich ihrer Schlüsselrolle gar nicht so bewusst waren. Während ich diese Entscheidung als zentral für die Bildungsbiografie ansehe, schauten sie mich erstaunt an und erwiderten, dass die Wahl der Schule doch von den Zensuren eines Schülers abhänge. Sie machten eine Entscheidung sehr einfach und mit den Noten hätten sie ja nicht viel zu tun, dafür seien die Schülerinnen und Schüler selbst verantwortlich. Es gehe eben nach Leistung. Außerdem könnten sie überhaupt nicht nachvollziehen, warum es so wichtig sei, auf welche Schule jemand geht. Sie könnten ja hinterher immer noch wechseln, wenn sie sich gut entwickelten. Als ich einige Beispiele dafür gab, dass sowohl in der Praxis als auch aus wissenschaftlicher Sicht zu beobachten ist, dass gerade Kinder aus Nicht-Akademikerfamilien trotz der erbrachten erforderlichen Leistungen keine Gymnasialempfehlung bekämen, warfen sie mir vor, ein sehr schlechtes Lehrerbild zu haben. Als ich von ihnen wissen wollte, was man ihnen an die Hand gebe, um über die Empfehlung für die weiterführende Schule zu entscheiden, hörte ich zu meiner Überraschung, dass dies in der Lehrerausbildung kaum oder gar nicht vorkomme. Das lerne man dann in der Schule, in der Praxis von erfahrenen Lehrern. Daraus konnte ich nur schlussfolgern, dass es zumindest diesen Grundschullehrern an Problem- und Verantwortungsbewusstsein, Selbstreflexion und Qualitätskontrolle mangelt.

Die Beispiele zeigen, je früher die Weichen in die richtige Richtung gestellt werden, umso besser. Doch solange Grundschullehrer ihre Empfehlung, auf welche weiterführende Schule ein Kind gehen soll, von dessen familiärem Hintergrund abhängig machen und nicht von dessen Leistung, wünsche ich ihnen Eltern, die sich darüber hinwegsetzen. Ich wünsche Schülern mutige Mütter und Väter, die darum kämpfen, dass sie von Anfang an die Schulform besuchen, wo sie den bestmöglichen Abschluss anstreben können. Umgekehrt hoffe ich, dass jedes Kind, dessen Eltern Angst haben, es vielleicht irgendwann nicht angemessen unterstützen zu können, auf engagierte Lehrer trifft, die sein Potenzial erkennen. Lehrer, die Mütter und Väter ermutigen und Perspektiven aufzeigen, sie davon überzeugen, dass Sohn oder Tochter es schaffen kann. Denn sonst hängt es vom Zufall ab, ob getroffene Fehlentscheidungen später korrigiert werden. Welche Rolle der Zufall spielt, zeigen die Geschichten derjenigen, bei denen Menschen von außen, aber auch Lehrer, Eltern oder die Kinder selbst um den Bildungsaufstieg gerungen haben oder es immer noch tun.

»MAN KOMMT GAR NICHT AUF DIE IDEE, DASS MAN WEITERMACHEN KÖNNTE.«
Warum es so schwierig ist, die einmal gewählte Schulform zu wechseln

Als ich von der Grundschule aufs Gymnasium wechselte, war mein Bruder Marc bereits dort und zeigte sowohl meinen Eltern als auch mir, dass es die richtige Wahl gewesen war. Zudem brachte ich etwas bessere Noten mit als er zwei Jahre zuvor, die ich aus heutiger Sicht auch zum Teil ihm zu verdanken habe, da ich als Zweitgeborene von ihm und seinem Wissen profitiert habe. Marcs Erfahrungen und die dadurch gewonnenen Informationen über das Gymnasium sowie die damit verbundenen Anforderungen sorgten letztlich dafür, dass meine Eltern und ich mir zutrauten, Abitur zu machen. Wie entscheidend es ist, dass eine Familie als Ganzes die Erfolgsaussichten auf einem bestimmten Bildungsweg als realistisch empfindet, und was für negative Konsequenzen es für ein Kind haben kann, wenn dessen Potenzial nicht voll genutzt wird, habe ich im vorherigen Kapitel beschrieben. Doch nicht weniger wichtig ist es, dass Schüler und ihre Eltern auch darüber hinaus eine Perspektive sehen und – einen Umweg eingeschlossen – versuchen, das Bestmögliche zu erreichen.

Wissenschaftliche Studien belegen, dass sich insbesondere in Familien mit schwachem Bildungshintergrund die Schulleistungen der Kinder mit der Geburtenfolge verbessern, da ältere Geschwister die jüngeren unterstützen können. Wenn meine Eltern mir bei den Hausaufgaben nicht helfen konnten, konnte ich immer meinen Bruder fragen. Häufig kannte er auch schon die Lehrerin oder den Lehrer und konnte mir somit sagen, worauf sie oder er besonderen Wert legte. In den USA führte diese Erkenntnis zu dem mittlerweile flächendeckenden Mentoring-Programm »Big Brothers Big Sisters«, also »Großer Bruder Große Schwester«, das unter dem gleichen Namen nun auch seit einigen Jahren in Deutschland angeboten wird. Kinder aus sozial schwachen Familien erhalten einen Mentor oder eine Mentorin, mit denen sie sich regelmäßig treffen, wodurch die fehlende Unterstützung und Förderung seitens der Eltern kompensiert wird. Einer meiner Mentoren war Marc, sowohl während der Schulzeit als auch später im Studium, da er mir auf dem Bildungsweg immer etwas voraus war.

Ich habe festgestellt, dass wir in Deutschland die Unterstützung aus dem Elternhaus als gegeben voraussetzen. Dass Mütter und Väter helfen, die Lernleistung der Kinder zu erhöhen, scheint von den Lehrkräften fest im Lehrplan vorgesehen. Von vielen Bekannten und Mentoren aus unserem Netzwerk höre ich regelmäßig, dass sie den Unterricht zu Hause nachbereiten und ihre Kinder auf Klausuren vorbereiten müssen, damit diese bestanden werden. Das heißt, fällt die elterliche Unterstützung weg und ist kein großer Bruder, keine ältere Schwester oder kein Mentor vorhanden, der einspringt, verpasst das Kind einen Teil des Lehrplans und des Unterrichtsstoffs. Viele Eltern, die es sich leisten können, greifen auf kostenpflichtige Nachhilfe zurück, wenn sie selbst nicht helfen können. Schüler aus finanziell schwachen Familien erhalten in der Regel keine

Unterstützung, sie fühlen sich alleingelassen und es besteht die große Gefahr, dass sie den Anschluss verlieren. Anstelle ihnen selbstverständlich und systematisch Förderung zukommen zu lassen, damit sie die Schule mit guten Ergebnissen meistern, tendieren wir leider dazu, sie auszusortieren, und schicken sie so lange auf andere Schulen, bis sie auf einer Einrichtung angekommen sind, wo sie auch ohne Hilfestellung erfolgreich sind. Manche schaffen das Gymnasium auch ohne Unterstützung oder haben das Glück, dass sich jemand ihrer annimmt. Bei den meisten ist dies nicht der Fall. Wieder andere werden – wie wir gesehen haben – erst gar nicht auf Gymnasium oder Realschule geschickt, weil Lehrer und Eltern befürchten, dass die notwendige Hilfestellung nicht vorhanden ist und sie es allein nicht schaffen könnten. Diese Selbstverständlichkeit, mit der in unserem Bildungssystem neben der finanziellen auch die inhaltliche Unterstützung der Eltern vorausgesetzt wird, überrascht mich immer wieder. Und es macht mich fassungslos, dass unsere logische Ableitung mehrheitlich lautet: »Wenn die Förderung seitens der Eltern nicht vorhanden ist, kann dieses Kind eben nicht auf die Realschule oder das Gymnasium oder dann kann er oder sie halt nicht studieren.« Außerdem verwundert es mich immer wieder aufs Neue, dass uns dies überhaupt nichts auszumachen scheint. Machen wir uns nur nicht bewusst, dass wir Kinder aufgrund ihrer familiären Herkunft benachteiligen, obwohl sie dafür und für die mangelnde Unterstützung ihrer Eltern nicht verantwortlich sind? Wie oft habe ich schon von Lehrern gehört: »Ja, das ist wirklich schade. Ich sehe ja das Potenzial, aber da kann man halt nichts machen! Ohne Unterstützung ist es nicht zu schaffen, dafür ist unser Bildungssystem verantwortlich! Ich finde das auch nicht richtig, aber es ist nun mal so!« Aussagen wie diese finde ich erschreckend, denn hier sehe ich nicht das Bildungssystem in der Pflicht, sondern diejenigen, die es in die Praxis umsetzen und es ausgestalten können. Notwendige Unterstützungssysteme könnten organisiert werden, wenn der Wille vorhanden wäre. Der Unterricht könnte auch ohne die feste Einbeziehung der Eltern in den Lehrplan gestaltet werden. Warum lautet die logische Konsequenz nicht: Dann müssen wir der weiterführenden Schule Bescheid geben, dass sie diesem Schüler eine besondere Förderung zuteil werden lässt. Oder: Dann müssen wir mit den Eltern darüber sprechen, wie sie ihr Kind unterstützen und wo sie sich Hilfe holen können, wenn sie an ihre Grenzen kommen. Wir sollten jeden ermutigen und ihn darin unterstützen, den für ihn höchstmöglichen Bildungsabschluss zu erreichen. Gerade jetzt können wir es uns nicht mehr leisten, Potenziale zu verschenken, daher sollten wir um die Entwicklung und den Bildungsweg eines jeden kämpfen und nicht leichtfertig aufgeben. Aufgrund meines Engagements weiß ich, dass es nicht immer klappt und dass es viel Kraft, Ausdauer und Geduld braucht, doch es lohnt sich zu kämpfen. Diese Erkenntnis hat sich nach meiner Erfahrung unter den Lehrkräften noch nicht so durchgesetzt, wobei in unserer Gesellschaft insgesamt die Vorstellung fest verankert ist, Eltern seien die eigentlichen Erzieher und für die Entwicklung ihrer Kinder allein verantwortlich. Wie viele Lehrer denken, sie könnten kaum etwas korrigieren oder verändern. Es ist schade, dass sie nicht an ihre eigene Wirksamkeit glauben. Sie sollten das Bewusstsein dafür entwickeln, wie entscheidend und langfristig sie Schülerinnen und Schüler sowohl im Positiven als auch im Negativen beeinflussen, was ich anhand einiger Beispiele verdeutlichen möchte.

Das Fach, das sowohl meinem Bruder als auch mir während der Schulzeit am meisten Mühe machte, war Englisch. Ich kann mich noch sehr gut daran erinnern, dass ich für meine erste Englischarbeit in der fünften Klasse eine Vier bekam und in der Pause heulend auf den Schulhof rannte. Es war für mich etwas völlig Neues, eine Vier zu schreiben, ich konnte es nicht fassen. Marc, der bereits die siebte Klasse besuchte, nahm mich auf dem Schulhof in den Arm und tröstete mich. Er sagte, dass es auf dem Gymnasium ganz normal sei, erst mal nicht so gute Zensuren zu bekommen. Ich müsste mich erst noch daran gewöhnen und es würde dann schon besser werden. Ich weiß noch, dass mich das zumindest ein wenig beruhigte, denn Marcs Erfahrung machte mir Hoffnung. Ich war zuversichtlich, dass sich meine Englischnoten mit der Zeit verbessern würden. Mein Bruder glaubte folglich an meine Weiterentwicklung, er gab mir eine Perspektive auf Erfolg und spornte mich somit an, dranzubleiben. Hingegen sagte mir eine Vertretungslehrerin, dass ich nie richtig Englisch sprechen würde, da ich das dafür typische »uvulare R« nicht richtig konnte. Anders als Marc räumte sie mir keinerlei Chance ein, etwa dass sich meine Aussprache zum Beispiel durch spezielle Übungen oder die richtige Technik verbessern würde. Aus ihrer Sicht gab es Schüler, die in Englisch gut waren, und Schüler, die schlecht waren, und wer gut war, blieb gut, und wer schlecht war, blieb schlecht. Neben Lehrkräften ist aber leider auch der Großteil der Bevölkerung dieser Ansicht. Und diese starre Haltung ist es, die vielen Schülern und auch Erwachsenen die Hoffnung und die Perspektive auf Weiterentwicklung und Lernerfolge nimmt. Sie reagieren frustriert und haben keine Motivation zum Lernen, weil sie von sich denken, sie würden es ja eh nicht schaffen. Daran, dass ich mich noch heute so genau an die Aussage der Vertretungslehrerin erinnere, können Sie ablesen, wie sehr mich ihr Urteil getroffen und blockiert hat. In diesem Zusammenhang spricht man oft auch von der sogenannten sich selbsterfüllenden Prophezeiung. So hat sich etwa der Bildungsforscher Klaus Hurrelmann sehr intensiv mit den Folgen der Erwartungshaltungen von Lehrern und Eltern auseinandergesetzt, die er als entscheidend für die Bildungslaufbahn beschreibt: »Erwartungen von Eltern prägen das Kind. Erwartungen des Kindes prägen sein Verhalten. Erwartungen der Lehrer prägen die Art und Weise, wie Eltern mit ihren Kindern umgehen. […] Eine sich selbst erfüllende Prophezeiung: Wenn ein Lehrer bei einem Kind zu der Annahme kommt, dass es einen bestimmten Leistungsstand habe, dann kann man das Kind kaum davor bewahren, sich unbewusst genau so zu verhalten, dass das Erwartete auch eintrifft.«[4]

Unsere Mentorin Stefanie erzählte mir kürzlich von einer ähnlichen Erfahrung. Sie war dabei, als ihr Englischlehrer in der siebten Klasse auf dem Gymnasium zu ihren Eltern sagte: »Ihre Tochter ist so dumm, die gehört auf die Hauptschule!« Stefanie stand jedoch nur in Englisch Fünf und war in allen anderen Fächern gut bis sehr gut. Daraufhin traute sie sich trotz einiger Lehrerwechsel kaum noch, Englisch zu sprechen.

Stefanie hat sich irgendwie durchgemogelt und bis heute eine gewisse innere Hemmung gegenüber dieser Sprache behalten. Kürzlich erst – sie wurde an der Uni von jemandem angesprochen, der sich nur auf Englisch mit ihr verständigen konnte und sie um Hilfe bat – konnte sie sich überwinden. Für sie war es ein Erfolgserlebnis, da ihr Gegenüber sie verstanden und dankbar angelächelt hat. Aufgrund dessen überlegt Stefanie nun, ob sie sich nun nicht doch häufiger dazu durchringen sollte. Diese Begegnung hat sie sogar so weit motiviert, dass sie ihr Englisch verbessern möchte.

Gerne würde ich meine Lehrerin von damals wissen lassen, dass ich im Hauptfach erfolgreich Amerikanistik studiert habe, mithilfe eines Stipendiums sogar ein Jahr in den USA. Meine Aussprache mag nicht perfekt sein – das »uvulare R« kann ich bis heute nicht richtig –, doch ich habe gelernt, dass es letztlich weniger auf die perfekte Artikulation, sondern darauf ankommt, ob man etwas zu sagen hat. Ich hatte schon immer viel zu sagen, daher überstiegen während der Schulzeit meine inhaltlichen Ausführungen regelmäßig mein englisches Sprachvermögen, sodass ich mich in der Mittelstufe an die Benotung »Inhalt sehr gut, Fehlerquotient ungenügend, Gesamtnote befriedigend« gewöhnen musste. Zu verdanken habe ich meinen Entschluss, Amerikanistik zu studieren, einem Lehrer, der amerikanisches Englisch sprach und als einer der härtesten Englischlehrer der Schule verschrien war. Sein Anspruch war sehr hoch und er schreckte auch nicht vor harter Benotung zurück. Sein Unterricht war jedoch sehr gut, wovon ich noch während meiner Studienzeit lange profitiert habe. Bis heute bin ich ihm äußerst dankbar. Zudem begründete er seine

Vorgehensweise und sorgte für eine transparente Benotung. Er steckte auch niemanden in eine Schublade, jeder konnte jede Note schreiben, von Eins bis Sechs. Er hat jeden ernst genommen und mit jedem gearbeitet. Ergebnis seines Erfolgsrezepts waren ein hochqualitativer Unterricht, individuelle Rückmeldungen zu Stärken und Schwächen, hilfreiche Übungen sowie der Glaube an die Weiterentwicklung jedes Einzelnen.

An vieles, was meine Lehrer zu mir oder über mich gesagt haben, erinnere ich mich ganz genau, vermutlich geht es Ihnen ebenso. So sagte eine meiner Deutschlehrerinnen beim Elternsprechtag zu meiner Mutter, ich sei viel zu ehrgeizig und dass sie mich sicherlich sehr antreibe. Dies überraschte mich ungemein, denn meine Mutter hat dies nie getan, ich war von Natur aus sehr wissbegierig und engagiert. Bis heute ist diese Aussage bei mir hängen geblieben und ich frage mich immer noch, was für ein Problem meine Lehrerin eigentlich hatte. Großen Antrieb, Ehrgeiz und Aufstiegswillen schien sie als unnatürlich zu empfinden. Sind wir skeptisch gegenüber zu großen Entwicklungssprüngen? Darf sich jeder weiterentwickeln, aber bitte immer nur in Relation zu den anderen? Soll der Klassenbeste dies der Ordnung halber auch bleiben? Diese Haltung entspricht zumindest der gesellschaftlichen Entwicklung der vergangenen Jahrzehnte in Deutschland: Die Bildungschancen sind zwar im Schnitt für die Gesamtbevölkerung gestiegen, doch die Abstände zwischen den verschiedenen Gruppen sind gleich geblieben. Aus meiner Sicht ist dies sowohl für die Entwicklung jedes Einzelnen als auch für unsere Gesellschaft abträglich. Ob in der Schule oder darüber hinaus, das Gefühl, etwas erreichen zu können, fördert gesellschaftliche Stabilität.

Neben dem bereits erwähnten Englischlehrer vermittelte uns diesen Eindruck einer unserer Mathelehrer. Auch bei ihm war für jeden jede Note möglich. Klar ärgerten wir uns über schlechte Zensuren, aber niemand fühlte sich ungerecht behandelt. Die Bewertungen waren immer nachvollziehbar begründet. Gute Noten waren wirklich verdient, sodass Leistung etwas wert war. Sie wurde sowohl von den Mitschülern als auch vom Lehrer anerkannt und respektiert. Diese gerechte Beurteilung ließ uns die Härte in Kauf nehmen. Bei Lehrern, deren Notenvergabe uns hingegen als willkürlich erschien, herrschte große Unzufriedenheit und Aufregung, ihnen gegenüber empfanden wie keinen Respekt. Ich denke, dies lässt sich auf unsere gesamte Gesellschaft übertragen. Würde Leistung nicht mehr von Faktoren wie beispielsweise dem familiären oder finanziellen Hintergrund abhängen, würde sie an sich anerkannt und honoriert werden, würden Leistungsbereitschaft und Bildungsmotivation sowie der gesellschaftliche Zusammenhalt wie in meiner ehemaligen Schulklasse gesteigert werden. Entsteht jedoch der Eindruck, dass Anstrengung keine echte Rolle spielt und stattdessen Willkür und Status über Erfolg und Bildungschancen entscheiden, wird Leistung wertlos, der Wille, etwas zu schaffen und zu lernen, sinkt, bei Verlierern kommt es zu Frustration und Perspektivlosigkeit, sie entwickeln großen Hass auf die unverdienten Gewinner, was große Unzufriedenheit und Aufruhr zur Folge hat. In Schulklassen würde man dann beispielsweise zu hören bekommen: »Die Englischarbeit brauche ich ja gar nicht mitschreiben, ich bekomme ja eh eine Fünf, da kann ich machen, was ich will!« oder »Wofür soll ich mich anstrengen, einen Hauptschulabschluss zu machen, ich bekomme ja hinterher eh keinen Job!« Aus eigener Erfahrung und Gesprächen mit unseren Studierenden und Mentoren kann ich Ihnen versichern: Gerade diejenigen, die aufsteigen möchten, wollen nichts geschenkt, aber sie möchten, dass ihr Verdienst anerkannt und honoriert wird und ihnen jeweils die nächsten Türen öffnet. Wenn jemand Zweifel äußert oder ihnen sagt: »Hier ist die Grenze deiner Leistungsfähigkeit erreicht«, sind sie die Ersten, die dies bereitwillig akzeptieren. Doch leider erlebe ich noch viel zu häufig, dass viel zu viele Menschen gerade Nicht-Akademikerkindern zu früh sagen, ihr Potenzial sei ausgeschöpft und dass sie nicht weiterkommen könnten, obwohl sie dies gar nicht einschätzen geschweige denn belastbare Fakten dagegenhalten können. Dann werden zum Beispiel solch schwammige Aussagen gemacht wie: »Das sieht man doch sofort, dass die das nicht schaffen können« oder »Glauben Sie mir, die können das nicht schaffen, das weiß ich aus Erfahrung!« Und aufgrund des meist niedrigen Vertrauens in die eigene Leistungsfähigkeit glauben Schüler, Studierende sowie junge und auch ältere Erwachsene aus nicht-akademischen Familien viel zu häufig diesen Einschätzungen und wagen es nur in Ausnahmefällen, diese kritisch zu hinterfragen oder mit Worten und Taten zu widersprechen.

Antonios Bildungsbiografie bestätigt, dass es ein Leben lang darauf ankommt, ob man seine Chance auf Erfolg als realistisch einschätzt und ob andere dies ebenfalls tun: »Es ist nur möglich, ein Ziel zu erreichen, wenn Menschen dir sagen, dass es so ist! Wenn dir jemand sagt, das ist nicht drin, dann glaubst du das. Du glaubst einfach das, was andere sagen!«, erzählt Antonio. Sein Vater kam in den Siebzigerjahren als Gastarbeiter aus Sizilien nach Deutschland und arbeitete bei einem Aluminiumhersteller. Eigentlich wollte er nur zwei Monate bleiben. Antonios Mutter kam ein paar Jahre später nach, sie war gelernte Schneiderin. Aufgrund der Herkunft ihrer Eltern hatten Antonio und seine beiden Geschwister in der Schule große Sprachprobleme, die sich auf alle Fächer auswirkten. In Deutsch stand Antonio auf Fünf, in Mathe zwischen Drei und Vier und in allen anderen Fächern zwischen Zwei und Drei. Es hätte einer besonderen sprachlichen Fördermaßnahme bedurft. Antonio bekam die Empfehlung für die Hauptschule, was ihm bereits vorher klar und auch okay für ihn war. Dort waren in seiner Klasse nur zwei Jungen ohne familiäre Zuwanderungsgeschichte, unter den Mädchen waren es einige mehr. Antonio erinnert sich, dass die Lernatmosphäre schlecht war, die Jungs bauten viel Mist und beschädigten Sacheigentum. »Wir waren einfach frustriert und haben keine Perspektive für uns gesehen.« Einmal wurde Antonio sogar während des Unterrichts wegen Sachbeschädigung von der Polizei aus dem Unterricht geholt. Als er in der siebten Klasse war, erfuhr er, dass ihn seine Lehrer auf die Sonderschule überweisen wollten. Niedergeschlagen lief er an diesem Tag von der Schule nach Hause, drückte sich durch die Straßen seiner Kleinstadt. Plötzlich sprach ihn eine Frau über einen Gartenzaun an und fragt ihn, warum er so traurig sei. Sie bat ihn herein und Antonio redete mit ihr den ganzen Nachmittag über seine Probleme. Sie und ihr Mann wohnten in einem großen Einfamilienhaus, während seine Familie sich eine Vierzimmerwohnung teilte. In der Folge freundete sich das Ehepaar – Andrea und Helmut, beide Akademiker – mit Antonios Eltern an und half ihrem Sohn jedes Wochenende in Deutsch und Mathe. Damit sprang es für die Eltern ein, kompensierte die mangelnde Unterstützung und erfüllte den in Deutschland erwarteten elterlichen Beitrag zum Lehrplan.

Es war reiner Zufall, dass Antonio eine Förderung erhielt, was nicht länger die Ausnahme, sondern die Regel sein und systematisch angeboten werden sollte. Durch Andreas und Helmuts Hilfe wurden seine Noten relativ schnell besser. Innerhalb von nicht mal einem Jahr stand er in Deutsch auf Zwei und in Mathe sogar auf Eins. Antonio wurde zum Klassen-, später dann auch zum Schulsprecher gewählt. Andrea und Helmut wurden zu seiner zweiten Familie, die er nach der Schule häufig besuchte. Noch heute kann sich Antonio genau daran erinnern, wie Helmut einmal zu ihm sagte: »Antonio, du musst dich jetzt entscheiden! Willst du später einen weißen oder einen blauen Kittel tragen? Wenn du einen weißen Kittel tragen willst, dann musst du Abitur machen und studieren gehen!« Damit machte er ihm die Bedeutung von Bildungsentscheidungen und deren Konsequenzen bewusst. Andrea versuchte ihm hingegen beizubringen, sich immer auf die aktuelle Aufgabe zu konzentrieren: »Wenn du Teller wäscht, dann wäschst du Teller. Wenn du Mathe lernst, dann lernst du Mathe. Konzentriere dich immer auf das, was du gerade machst!«

Antonio entwickelte immer mehr Motivation und Ehrgeiz, sodass er einige Zeit später um einen Termin beim Schuldirektor bat. Bis heute amüsiert es ihn, dass er sich das getraut hat, denn er wollte von ihm wissen, ob er als Hauptschüler Abitur machen könnte. Der Schulleiter reagierte mit einem Lächeln, das Antonio niemals vergessen wird, und antwortete: »Ja, grundsätzlich ist das schon möglich, aber das ist ein langer Weg. Da musst du sehr viel tun.« Eine Möglichkeit wäre, von der Hauptschule auf die Wirtschaftsschule und schließlich zum Wirtschaftsgymnasium zu gehen. Doch er verhehlte Antonio nicht, für wie gering er dessen Erfolgschance einschätzte. Eigentlich riet er ihm davon ab, da er dessen Vorhaben als zu anstrengend und zu ambitioniert empfand. Antonio wollte daraufhin erneut von ihm wissen, ob es grundsätzlich möglich sei, was der Schulleiter ihm bestätigte. Auf dem Weg nach Hause sagte Antonio immer wieder in Gedanken zu sich selbst: »Es ist möglich! Es ist möglich! Helmut und der Direktor haben beide gesagt, es ist möglich! Die müssen es doch wissen!«

Nach seinem Hauptschulabschluss wechselte Antonio wie geplant auf die Wirtschaftsschule, um die mittlere Reife zu machen. Es waren seine besten Schuljahre – dank sehr engagierter Lehrer. Doch als er ihnen mitteilte, er wolle aufs Gymnasium, reagierten auch sie etwas überrascht: »Das schaffen aber nur die Besten!« Erneut wurden Antonios Aussichten, Abitur zu machen, als minimal eingeschätzt. Wollten ihn wirklich alle vor Misserfolgen bewahren und hielten sie es wirklich nicht für möglich, dass er ein Ziel erreicht? Das Sprichwort »Schuster, bleib bei deinen Leisten«, scheint immer noch sehr verbreitet zu sein.

Antonio blieb trotzdem dran und wechselte aufs Wirtschaftsgymnasium. Die Hälfte der Schüler kam wie er von der Realschule, die anderen vom Gymnasium. Antonio merkte schnell, dass Letztere viel mitbrachten und dass er und die anderen Realschülern ganz schön zu kämpfen hatten. »Deutsche Grammatik habe ich nie richtig gelernt, das ärgert mich heute noch! Warum hat mir das niemand beigebracht?« Helmut und Andrea waren inzwischen weggezogen und konnten ihn nicht mehr unterstützen, sodass er wieder auf sich allein gestellt war. Zunächst rutschten seine Noten ab, doch er blieb am Ball und schließlich machte er Abitur mit einem Schnitt von 2,5. »Man braucht Leute im Umfeld, die einem sagen, dass es möglich ist, durchzukommen und sich manchmal auch durchzumogeln«, sagt Antonio. »Ich habe das alles Helmut und Andrea zu verdanken. Ich weiß nicht, wo ich heute ohne sie wäre.« Vermutlich wäre es ihm so ergangen wie vielen anderen, die mit »Das ist nicht möglich!«, »Das schaffst du nicht!« und »Das schaffen nur die Besten!« entmutigt und ausgebremst werden. Antonio hat viele Kinder kennengelernt, die etwas drauf haben, aber mit sprachlichen Problemen kämpften oder einfach nicht bestärkt und gefördert wurden: »Die sind doch nicht dumm! Aber in der Hauptschule lernt man nichts, ich auch nicht!« Noch heute ärgert sich Antonio darüber, dass er sehr viel Zeit verloren und Wissen eingebüßt hat, was sich nur schwer aufholen lässt. Bis heute stellt er immer wieder die Lücken im Vergleich zu anderen fest, die gleich auf dem Gymnasium waren. Ich habe Antonio gefragt, was er Menschen entgegnet, die behaupten, es läge an den Hauptschülern, dass sie nichts lernen und den Lehrern das Leben schwer machen würden? »Ja, es stimmt, Hauptschullehrer haben es nicht immer leicht, aber es kommt auch darauf an, wie sie Schülern begegnen. Wenn man merkt, dass sie sich für einen interessieren und engagieren, verändern Schüler ihr Verhalten. Wir hatten eine Lehrerin, die sich wirklich für uns interessiert und uns unterstützt hat. Vor ihr hatten wir sehr viel Respekt und haben uns geradezu vorbildlich verhalten. Aber wenn Lehrer keinen Bock haben, merken das die Schüler und reagieren auch darauf.«

Antonio wusste genau, ob er einem Lehrer egal war oder nicht. Zehn Jahre nach seinem Hauptschulabschluss traf er eine seiner Lehrerinnen von damals und sie fing plötzlich vor Rührung an zu weinen. An seiner ehemaligen Hauptschule ist er jetzt ein großes Vorbild und wird regelmäßig vom Direktor erwähnt. Doch zu vermuten ist, dass man den Schülern dort immer noch wie damals Antonio begegnet: »Guck' mal, der hat es geschafft. Aber das gelingt nur wenigen und nur den Besten! Ich weiß ja nicht, ob du es auch schaffen kannst!« »Als Hauptschüler kommt man nicht auf die Idee, auch Abitur zu machen, das kommt einem total verrückt vor«, erklärt Antonio. Lehrer spielen dabei eine ganz zentrale Rolle und wissen gar nicht, welch große und langfristige Bedeutung das hat, was sie sagen und tun. So setzte sich auf der Wirtschaftsschule Antonios Klassenlehrerin an einem Tag, als er ziemlich schlechte Laune und einen Dreitagebart hatte, nach der Stunde neben ihn und fragte: »Was ist denn los? Kann ich etwas für dich tun?« Antonio konnte es gar nicht fassen, dass eine Lehrerin sich für seine Probleme interessiert. »Was meinst du, wie engagiert ich danach im Unterricht war«, erzählte er lachend.

Bei der Entwicklung der Initiative ArbeiterKind.de ging ich zunächst von mir selbst aus. Wir begannen in gymnasialen Oberstufen mit Informationsveranstaltungen zum Thema Studium, die von Schülern und Lehrern als sehr hilfreich empfunden wurden. Einige unserer Mentoren baten uns jedoch sehr bald, unser Engagement auf alle weiterführenden Schulformen auszudehnen, denn sie hätten über den zweiten Bildungsweg, im Anschluss an die Ausbildung oder sogar ohne Abitur studiert. Dies leuchtete mir ein, jedoch war mir bewusst, dass ich als ehemalige Gymnasiastin Haupt- oder Realschülern nicht besonders glaubwürdig würde vermitteln können, dass für sie auf ihrem Bildungsweg realistische Erfolgschancen bestehen. Und woher sollte ich wissen, wie sich ein Haupt- oder Realschüler in der neunten oder zehnten Klasse fühlt? Daher forderte ich die entsprechenden Mentoren dazu auf, als Vorbilder in die Schulform zu gehen, die sie selbst besucht hatten. Sie können als Vorbilder glaubhaft Erfolgschancen vermitteln und zu Leistung und Bildung motivieren, indem sie sagen: »Ich weiß, was ihr jetzt denkt, und ich weiß, was ihr jetzt fühlt, denn ich war einer von euch! Ich dachte auch einmal, dass ich keine Chance und keine Perspektive habe. Doch ich habe es geschafft und ihr könnt es auch schaffen und ich erzähle euch jetzt mal, wie ich es geschafft habe.« Dies führt dazu, dass im Klassenzimmer eine Diskussion und ein Austausch angestoßen werden und die Ängste und Sorgen ans Licht kommen, die die Schüler beschäftigen. In einer Darmstädter Schule habe ich einmal erlebt, wie die Schüler begannen, sich gegenseitig Mut zu machen und Tipps zu geben.

Sie erinnern sich an Melanie aus dem letzten Kapitel, die der Vater trotz Gymnasialempfehlung und des äußerst engagierten Einsatzes ihrer Grundschullehrerin auf die Realschule schickte. Dort traf Melanie dann auf viele »Problemkinder«, wie sie selbst sagt, größtenteils aus Familien ohne Migrationshintergrund. Ich betone dies deswegen, weil Sie vielleicht denken, das Thema Bildungsaufstieg beträfe ausschließlich Kinder und Familien mit Zuwanderungsgeschichte. Es ist jedoch statistisch belegt, dass es sich dabei nicht nur um Kinder mit Migrationshintergrund handelt.

So bekam Melanie schnell mit, dass einige Mitschüler von ihren Eltern geschlagen wurden. Die Stimmung in der Klasse empfand sie als gewalttätig. »Wie soll man gute Noten schreiben, wenn man jeden Tag Angst haben muss, auf den Pausenhof zu gehen, weil man es gewagt hat, sich zu melden?« In ihrer Klasse ging es darum, bloß nicht aufzufallen, schon gar nicht durch gute Leistungen. Melanie passte sich sprachlich an das niedrigere Niveau einiger die Lernatmosphäre dominierender Mitschüler an, traute sich nicht mehr, etwas zu sagen, hörte auf zu lernen, sodass ihre Zensuren immer schlechter wurden. In der sechsten Klasse wurde ein Mitschüler sogar krankenhausreif geschlagen. »An Schule war da nicht mehr zu denken«, erzählt sie. »Es ging jeden Tag nur darum, zu überleben. Meine Klasse hat mich auch bis zur Tür verfolgt, in einer Gruppe auf dem Pausenhof wurde mir aufgelauert und sie standen einmal mit einem Feuerzeug vor mir. Ich hatte andere Probleme, als gut in der Schule zu sein.«

Hinzu kamen Schwierigkeiten zu Hause, denn Melanies Eltern stritten sich permanent und brüllten sich an. Zum Glück hatte sie einen sehr engagierten Deutschlehrer, der an sie glaubte, ihr zuhörte und sie unterstützte: »Hätte ich ihn nicht gehabt, wäre ich untergegangen«, glaubt sie. Ihren Realschul-

abschluss machte sie »nur« mit Drei, erlangte aber den sogenannten Quali, die Zugangsberechtigung fürs Gymnasium.
Melanie wollte jedoch zunächst eine Ausbildung machen, um
auf eigenen Füßen zu stehen und schnell von zu Hause aus-
ziehen zu können. Es machte Melanie allerdings wahnsinnig
wütend, als ihr Klassenlehrer süffisant meinte, sie sei ja eh
viel zu still fürs Gymnasium, nachdem er davon erfahren hatte. Er traute ihr einfach nicht zu, Abitur zu machen. Seine Reaktion war letztlich der Anlass, warum sie plötzlich ihre Richtung änderte. Sie wollte es ihm zeigen! Sie erinnerte sich, dass
ihr Deutschlehrer einmal gesagt hatte, sie gehöre aufs Gymnasium. Nach langem Grübeln rang sie sich letztendlich dazu
durch, wobei es vor allem eine Trotzentscheidung war.

Melanies Eltern sagten gar nichts dazu, sie waren zu sehr mit
ihren eigenen Problemen beschäftigt. Von ihrer Verwandt-
schaft väterlicherseits hörte sie: »Warum willst du denn aufs
Gymnasium? Frauen müssen nicht so viel lernen!« Als Melanies Mutter dies mitbekam, meldete sie ihre Tochter kurz ent-
schlossen am Gymnasium an. Warum, weiß Melanie bis heute
nicht, vermutlich ebenfalls aus Trotz. Als der Realschuldirek-
tor bei der Zeugnisausgabe von ihren Plänen erfuhr, reagierte er ebenfalls skeptisch: »Ich bin mir ja nicht so sicher, ob du
das schaffst!« »Wenn man auf der Realschule einen Dreier-Ab-
schluss hat, gilt man als total dämlich«, erklärt Melanie. »Außerdem ist es sehr ungewöhnlich, dass man aufs Gymnasium
wechselt, das hat eigentlich sonst keiner gemacht und es hat
auch niemand verstanden. ›Geh doch auf die Fachoberschu-
le, das sind doch die Arroganten auf dem Gymnasium‹, haben
die alle gesagt.« Aber Melanie wollte nicht auf die Fachober-

schule. »Ich hatte halt Glück! Hätte ich nicht den Deutschlehrer gehabt, der das überhaupt ins Gespräch gebracht hat,
wäre ich gar nicht auf die Idee gekommen. Ihm habe ich viel
zu verdanken, er hat in seinen Schülern immer viel Potenzial
gesehen.« Alle anderen Lehrer hätten nur von Ausbildung gesprochen und dies als einziges realistisches Ziel vorgegeben.
Einmal nahm Melanies Klasse an einem Berufswahltest teil,
wo es ausschließlich um Ausbildungsberufe ging – über die
Möglichkeit, Abitur zu machen und anschließend zu studieren, wurde nicht informiert. »Da kommt man doch gar nicht
auf die Idee, dass man auch weitermachen kann«, sagt Melanie. Später, als sie in der Oberstufe war, erkundigte sich ihr
ehemaliger Deutschlehrer nach ihr und war mächtig stolz auf
sie. Auf dem Gymnasium fühlte Melanie sich zum ersten Mal
gut aufgehoben, sie war glücklich. »Mit meinen Mitschülern
und den Lehrern kam ich wunderbar aus und dann lief es auf
einmal richtig gut. Ich habe mich viel besser gefühlt, konnte
mich viel mehr entfalten und es hat keinen gestört, dass ich so
viel gelernt habe. Es war viel ruhiger, es gab keine Drohungen,
kein Mobbing. Auf der Realschule hatte ich ja immer andere
Probleme, als den Abschluss zu machen, da habe ich immer
gehofft, dass ich durch den Tag komme.«

Doch zu Hause war die Situation weiterhin schwierig. Melanie kam erst gegen 16 oder 17 Uhr nach Hause, was ihrer Mutter viel zu spät war. Ihre Tochter sollte ihr helfen und arbeiten.
Die Hausaufgaben seien doch nur ein Vorwand, sie läge ihren
Eltern auf der Tasche und hätte lieber eine Ausbildung machen
sollen. Häufig hörte Melanie von ihrer Mutter, dass sie es be-
reue, sie auf dem Gymnasium angemeldet zu haben.

Den Schulerfolg beeinflussen nicht Intelligenz oder Talent entscheidend, glaubt Melanie, sondern eine gute Umgebung. »Ich war immer sehr interessiert, insbesondere an Literatur und Politik. Auf der Realschule hätte ich auch bessere Noten haben können, aber in dem Umfeld ging das einfach nicht. Wie soll man gut sein, wenn man kein Selbstbewusstsein hat, auf einer Schule ist, in der man unterdrückt wird, in der man Angst haben muss? Und deshalb war ich auch auf dem Gymnasium besser. Das Schwierigste ist nur, Selbstbewusstsein aufzubauen. Deshalb war auch mein Abischnitt nicht so gut, wie er hätte sein können. Es hat mich viel Mut gekostet, überhaupt den Mund aufzumachen. Hätte ich nicht die Lehrer gehabt, die mir so viel Mut gemacht haben, wäre ich nie so weit gekommen. Und nicht jeder hat diesen Mut und dieses Glück. Ich bin jetzt Studentin, weil mein Sozialkundelehrer immer meinte, ich sei in Wahrheit eine Einserkandidatin, weil meine Pädagogiklehrerin immer an mich geglaubt hat, weil sie alle an mich geglaubt haben und es immer noch tun.« Häufig saß Melanie den Tränen nahe vor ihren Lehrern und musste eingestehen, dass sie es einfach nicht wagt, im Unterricht etwas zu sagen. Was Schüler brauchen, sind aufmerksame Lehrer, die diese nicht gleich aufgeben, meint sie. »Natürlich glaubst du nicht an dich, wenn deine Eltern nicht an dich glauben und sich und dich zu Hause nur anbrüllen, weil sie überfordert sind! Und die Familie ist so verdammt wichtig, genauso wie das Selbstvertrauen. Wie willst du lernen und gute Noten bekommen, wenn du kein Selbstvertrauen hast? Auf das meiste kommt man nun mal nicht von alleine, gerade Kinder nicht. Man muss also Lehrer haben, die an einen glauben, gerade dann, wenn zu Hause alles in die Brüche geht. Und ich hatte das Glück, dass immer mindestens ein Lehrer da war, der mich nicht aufgegeben hat. Es ist nun mal so, dass die Schulnoten in den meisten Fällen nicht gut sein können, wenn man nicht gut lebt. Nur in den seltensten Fällen schaffen es Leute, gute Zensuren zu erreichen, wenn es ihnen nicht gut geht.«

Einer ihrer Klassenlehrer stellte Frauen generell eine berufliche Zukunft in Abrede und wünschte ihnen, dass sie einen tollen Mann finden und heiraten. Dabei ist Melanie heute Anfang zwanzig, ihren Realschulabschluss hat sie also erst vor wenigen Jahren gemacht. Häufig haben sie und andere Schülerinnen gesagt bekommen, sie könnten etwas nicht, weil sie stiller seien als Jungs. »Das wird Mädchen richtig eingetrichtert, sodass viele nach der Realschule eine Ausbildung zur Zahnarzthelferin machen. Das kann doch kein Zufall sein!« Bei Melanie wäre es nicht anders gewesen, hätte sie nicht trotzig reagiert und den inneren Drang verspürt, weiterzumachen. Als sie sagte, sie interessiere sich für Physik, bekam sie zu hören: »Ne, das kannst du nicht.« Die Entmutigung, die vielen Klischees, das Weggucken und das romantische Festhalten an vermeintlich heilen Familien ist das, was aus Melanies Sicht viele Bildungskarrieren kaputt macht. Sie hat selbst erlebt, dass Kindern, die ihr Elternhaus hinter sich lassen wollen, weil sie Vernachlässigung und Gewalt erlebt haben, häufig nicht geglaubt und ihnen unterstellt wird, sie würden übertreiben. Sie findet es wichtig, dass Schülerinnen und Schüler ernst genommen werden, dass jemand für sie da ist, wenn es nötig ist: »Allein schafft man so vieles einfach nicht. Und wenn man in einer schwierigen Familie aufwächst und auf der Schule nicht richtig aufgehoben ist, hat man einfach fast keine Chance, von sich aus da jemals rauszukommen!«

Wie wichtig engagierte Lehrer und Menschen wie Andrea und Helmut für Kinder und Jugendliche sind, hat auch Christian erfahren. Ihm ging es wie Antonio und Melanie, denn auch er hatte das Glück, auf Menschen zu treffen, die ihn gefordert und gefördert haben. Bei ihm wird besonders deutlich, wie stark der Charakter einer Schule und die damit verbundene Haltung der Lehrer den zukünftigen Bildungsweg von Schülerinnen und Schülern aus Nicht-Akademikerfamilien beeinflussen.

Christian wuchs in einem Dorf im Schwäbischen auf. Sein Vater war Berufssoldat und seine Mutter technische Assistentin, beide stammen aus armen Verhältnissen. Christian besuchte die örtliche Grundschule und war früh in die unterschiedlichen Vereine eingebunden. Er spielte Fußball, fuhr Ski und spielte im Musikverein. Der Wechsel zum Gymnasium in der nächsten Stadt war für ihn kein Problem, sein älterer Bruder war auch schon dort. Doch dessen schlechter Ruf eilte Christian voraus, sodass er gleich zu Beginn von einem seiner Lehrer hörte: »Ach, der Meyer, der kann ja eh nichts, wie sein Bruder, das sieht man ja schon.« Das traf Christian sehr, sodass er sich bis heute daran erinnert, als wäre es gestern gewesen: »Das war sehr schmerzhaft. Der kannte mich nicht mal und urteilte einfach über mich.« Von Beginn an nahm ihm dieser Lehrer jegliche Chance, unabhängig von seinem Bruder wahrgenommen zu werden, sich durch seine eigenen Leistungen zu beweisen und zu entwickeln. Anscheinend lassen wir uns immer wieder dazu verleiten, Menschen in Schubladen zu sortieren, aus der sie nur schwer wieder herauskommen – beschweren uns jedoch, wenn wir selbst in solch einer gelandet sind.

Lob, Anerkennung und Motivation erhielt Christian jedoch in den außer- und nebenschulischen Aktivitäten. Ab der sechsten Klasse gehörte er der Schülervertretung an, er engagierte sich weiterhin in vielen Vereinen, zudem arbeitete er in seiner Freizeit mit behinderten Menschen. Doch in der Schule fühlte er sich nicht wohl, hatte folglich keine Lust und schwänzte zunehmend den Unterricht. Sich im Unterricht anzustrengen lohnte sich nicht, denn ihm wurde ja eh kein Entwicklungspotenzial zugetraut, sodass er seine Chancen auf Erfolg als sehr gering einschätzte. Stets pünktlich war Christian jedoch, wenn die Schülervertretung tagte, was den Lehrern jedoch entging.

Bis zur elften Klasse wurschtelte Christian sich so durch, wurde sogar Schülersprecher, doch blieb dann sitzen. Rückblickend betrachtet ist er darüber froh, doch für ihn und seine Eltern war es eine Krisensituation. Christian hatte fünf Fünfen auf dem Zeugnis. In dieser Zeit sah er zufällig eine Reportage über Internate im Fernsehen, sodass er auf die Idee kam, auf solch eine Einrichtung zu wechseln. Seine Eltern waren zunächst etwas verdutzt, ließen ihn aber machen. Selbstständig recherchierte er mehrere Internate und bewarb sich. Aufgrund seiner schlechten Noten hagelte es jedoch eine Absage nach der anderen. Die Prestigeträchtigsten, die er mit »Bonzen« verband, hatte er allerdings außen vor gelassen. Eines Tages kam zufällig ein alter Bekannter seiner Mutter zu Besuch und hörte von Christians Vorhaben. Dieser fragte ihn nach seinen Interessen und Freizeitaktivitäten und meinte: »Du gehörst auf das Internat, in dem ich war!« Christian widersprach ihm: »Nein, da gehöre ich bestimmt nicht hin! Das ist doch nur was für Bonzenkinder!«, woraufhin seine Oma noch hinzufügte: »Schuster, bleib bei deinen Leisten!«

Gemeinsam mit seinem Vater fuhr Christian kurze Zeit später zur Besichtigung ins Internat und war zu seiner eigenen Überraschung von dem Konzept begeistert, das neben dem Unterricht ehrenamtliches Engagement und schülerische Mitbestimmung fest vorsieht. Die für die Aufnahme neuer Schüler zuständige Leiterin begutachtete ihn und sagte zu ihm: »Na, aus dir kann man schon was machen!«, und war damit die Erste, die sein Potenzial erkannte und ihm eine Chance zur persönlichen Entwicklung und auf Erfolg in Aussicht stellte. Trotz seiner schlechten Noten wurde Christian aufgenommen, wobei die Schulgebühren anfangs mit einem Darlehen finanziert werden sollten. Doch eine Woche später machte Christian einen Rückzieher, denn er hatte Angst vor der eigenen Courage bekommen. Er hatte auch Angst vor den vielen reichen Kindern, Angst davor, als Bauernjunge dazustehen und nicht reinzupassen. Berührungsängste dieser Art haben viele Eltern und Kinder nicht-akademischer Herkunft, auch gegenüber Gymnasien. Sie fürchten, stigmatisiert zu werden, unterzugehen und nicht dazu zu gehören.

Das Internat ließ jedoch nicht locker, die Leiterin, mit der Christian gesprochen hatte, kämpfte regelrecht um ihn, rief ihn immer wieder an und forderte ihn auf, der Zulassung unbedingt zu folgen. Christian gab sich schließlich einen Ruck, doch während der Autofahrt zum Internat waren seine Ängste wieder da: »Bitte, dreh' um. Ich will da nicht hin! Ich tue alles für dich, aber bitte dreh' wieder um!«, flehte er seine Mutter an, was diese aber ignorierte. Im Beisein seines Mentors im Internat – jedem Schüler steht dort ein Wegbegleiter zur Seite – musste Christian ihr versprechen, dass er sich voll auf die Schule konzentrieren würde.

Schon nach vier Monaten wurde Christian zum Klassen- und kurz darauf sogar zum Jahrgangsstufensprecher gewählt. »Die Lehrer dort spielen in einer ganz anderen Liga«, erklärt mir Christian, »nicht fachlich, sondern menschlich! Sie sind durchgehend erreichbar, immer ist jemand für dich da.« Alle Schüler wohnen mit einem sogenannten Mentor oder einer Mentorin sowie Mitschülern in einer Art Kleinfamilie zusammen. Christian unternahm mit seinem Mentor lange Spaziergänge, auf denen sie über zahlreiche Dinge sprachen. Dabei wurde Christians Motivation für die Schule wieder geweckt. »Mir wurde Verantwortung gegeben und etwas zugetraut, obwohl ich zunächst selber von mir dachte, dass ich doch eigentlich noch nichts bin und nichts bewirken kann. Die haben uns ins kalte Wasser geschmissen und durch Höhen und Tiefen gehen lassen!«

Seine Noten verbesserten sich schlagartig. Am Ende der elften Klasse wurde er für seine Leistungen – die außerschulischen eingeschlossen – mit einem Stipendium ausgezeichnet, sodass er kein Darlehen aufnehmen und sich nicht verschulden musste. Da seine Eltern in dieser Zeit in die Arbeitslosigkeit rutschten, kam dies wie gerufen. Seine Bereitschaft, alles aus sich herauszuholen wurde damit anerkannt und honoriert.

Es war vor allem die Botschaft, dass jeder durch persönlichen Einsatz etwas erreichen kann, und dass dies auch gesehen und belohnt wird. Christian machte schließlich sogar ein Einser-Abitur, wobei er betont, dass sein Jahrgang, genauso wie die Jahrgänge davor, im Schnitt genauso gut war, wie die Schüler an anderen baden-württembergischen Gymnasien – ein Internatsbonus würde bei ihnen, wie vielfach behauptet, nicht herrschen. »Im Internat habe ich gelernt, Verantwortung zu übernehmen, mir etwas zuzutrauen und über den Tellerrand hinauszuschauen. Außerdem hieß es immer, tu' das in deinem Leben, was du möchtest. Dies gesagt zu bekommen war wichtig, denn man strebt ja immer seinen Eltern nach. Es kommt auch so sehr aufs Zuhause an. Es bestimmt häufig, was man später mit seinem Leben anfängt. Zum Glück haben mich meine Eltern immer machen lassen.«

Seinen jüngeren Bruder holte Christian bereits in der Mittelstufe aufs Internat, der sofort ein Stipendium erhielt. Die Eltern waren zunächst etwas traurig, dass sie ihre beiden Söhne nun nicht mehr so häufig sehen. Doch die Mutter ist froh, wenn ihre Jungs beschäftigt sind, sie konnte sie nicht so stark fordern und fördern. Inzwischen studiert Christian an einer sogenannten Elite-Uni. Allerdings kann er mit dem Begriff Elite nicht viel anfangen. Natürlich ist er inzwischen in der Studentenvertretung aktiv. Doch anders als im Internat bei Lehrern und Mitschülern, vermisst er bei Kommilitonen und Dozenten die gegenseitige Unterstützung, Verantwortungsbewusstsein und ehrenamtliches Engagement. Das ist vielleicht auch einer der Gründe, warum er an Wochenenden und in den Semesterferien dort noch viel Zeit verbringt und sich zum Beispiel dafür engagiert, dass noch mehr Stipendien für Schüler wie ihn und seinen Bruder vergeben werden. Als Mentor bei ArbeiterKind.de machte er kürzlich einer Schülerin aus finanziell schwachen Verhältnissen Mut für die Auswahlgespräche, was ihr etwas mehr Selbstbewusstsein verlieh. Sie hat inzwischen ein Stipendium erhalten. Auch wenn er sich an seiner jetzigen Hochschule etwas unwohl fühlt, will Christian sein Studium dort bis zum Bachelor durchziehen, danach an eine andere Uni wechseln oder vielleicht ins Ausland gehen. Seine Eltern verstehen nicht so richtig, was er eigentlich macht, sie sind aber stolz und glücklich. Über seine Zukunft machen sie sich keine Sorgen mehr, denn er steht jetzt schon auf eigenen Füßen. »Ich hatte bisher das Glück, durch eigene Leistung etwas erreichen zu können«, sagt Christian. Wenn wir in Deutschland zukünftig alle Potenziale heben und zu Leistung und Bildungsaufstieg motivieren wollen, dann sollte es nicht vom Glück abhängen, dass Weiterentwicklung ermöglicht und Leistung angemessen honoriert wird.

Wie bei Christian haben Sport und ehrenamtliches Engagement auch auf meinem Lebensweg von klein auf eine große Rolle gespielt und diesen sehr positiv beeinflusst. Forscher bestätigen, dass insbesondere bei Kindern aus sozial schwachen Familien ein passives Freizeitverhalten vorherrscht, also eher Fernsehen geguckt, Computer gespielt oder auf der Straße rumgestanden wird, anstatt sich sportlich oder musikalisch zu betätigen oder sich ehrenamtlich zu engagieren. Dadurch wird deren Entwicklung beeinträchtigt. Daher sind außerschulische Aktivitäten und Projekte, bei denen sie Kompetenzen erlernen, die im Elternhaus gar nicht oder nur in sehr begrenztem Umfang erworben werden können, für ihre Entfaltung von großer Bedeutung.

In unserer katholischen Dorfgemeinde hatten wir einen sehr umtriebigen Pfarrer, sodass ich regelmäßig zu Kinder- und Jugendtreffen ins Gemeindehaus ging. Außerdem nahm ich mehrere Jahre hintereinander am dreiwöchigen Zeltlager teil, das er insbesondere für die vielen Bauernkinder organisierte, weil deren Eltern nicht mit ihnen in Urlaub fahren konnten. Die jeweiligen Kosten dafür waren immer nach ihrem Einkommen und der Kinderzahl gestaffelt. Außerdem begeisterte der Pfarrer zunächst meinen Bruder und dann mich, Kirchenorgel zu lernen und während der Messen zu spielen. Daneben hat mich schon immer der Sport selbstbewusst gemacht. Ohne viel Training hatte ich bereits in der Grundschule ein Talent für Leichtathletik, insbesondere im Sprint. So wurde ich bei den Bundesjugendspielen die ganze Schulzeit über immer mit einer Ehrenurkunde ausgezeichnet und wurde einmal sogar als Stadtmeisterin meines Jahrgangs im 50-Meter-Lauf zu einer Feier ins Rathaus eingeladen. Das gab mir Selbstbewusstsein.

Als ich elf Jahre alt war, nahm mich Marc zum Training des Basketballvereins mit. Er blieb nicht lange dabei, doch ich war zwei bis drei Mal die Woche in der Halle und nahm schnell an Mannschaftsspielen teil. Mein erster Basketballtrainer – ein Mitarbeiter der Volkshochschule, der seine komplette Freizeit in die Vereinsarbeit und insbesondere in die Kinder- und Jugendarbeit steckte – leitete gleichzeitig den Verein. Dort waren Kinder aller Schulformen, Haupt-, Realschule und Gymnasium, sowie mit dem unterschiedlichsten Familienhintergrund – angefangen beim Arztsohn über die Tochter des Eisenwahrenhändlers bis zu jenen, deren Eltern aus Spanien, Polen, Russland, der Türkei und anderen Ländern eingewandert waren. In den Ferien fanden Spiele mit den Partnervereinen in Spanien oder auch Lettland statt. Insbesondere die Kinder aus sozial schwachen Familien haben davon sehr profitiert. Auch ich bin sehr gefördert worden, denn bereits mit 14 Jahren schickte der Vereinsleiter mich zu einer einwöchigen Trainerausbildung, um den ersten Übungsleiterschein zu erwerben und anschließend eine Mannschaft zu trainieren. Mit 16 Jahren meldete er mich dann zur nächsten Fortbildung an, um die C-Trainer-Lizenz zu erlangen. Dazu musste ich eine Klausur schreiben, eine Lehrprobe halten und eine schriftliche Arbeit verfassen. Die Ausbildung dauerte eine Woche. Ich war die Jüngste und eine von vielleicht drei oder vier Frauen, saß unter anderem neben Studenten der Kölner Sporthochschule und langjährigen Trainern. Besonders im Theorieteil zu Spielzügen und medizinischen Fragen im Leistungssport war ich ganz schön gefordert. Aber es spornte mich an, dass mein Trainer an mich glaubte, mir zutraute, die Verantwortung zu übernehmen, und der Verein sich sogar an den Kosten für die Ausbildung beteiligte. Bei der Ausarbeitung der schriftlichen Arbeit half mir eine Trainerin der ersten Damenmannschaft. Ich bestand. Von einigen Mitstreitern und Mitgliedern der Prüfungskommission wurde ich zwar süffisant als Küken belächelt, doch andere waren beeindruckt, sahen meine Potenzial und unterstützten mich. Bis zum Abitur trainierte und coachte ich eine Mädchenmannschaft des Vereins und bestritt mit ihr selbstständig Heim- und Auswärtsspiele. Zudem gründete ich eine Basketball-AG an meiner Schule, wofür ich beim Abitur ausgezeichnet wurde. Bei fast allem wurde ich ins kalte Wasser geschmissen, doch die anderen Trainer standen mir immer mit Rat und Tat zur Seite. Von ihnen habe ich viel gelernt, zum Beispiel dass ich anderen etwas beibringen kann, wie ich mit Niederlagen und Erfolgen umgehe und wie ich mich am besten mit Teamkollegen und Kindern auseinandersetze und mit ihnen arbeite. Man hat mir etwas zugetraut und mir Verantwortung gegeben. Wie Christian hat mich das unheimlich motiviert und ehrgeizig gemacht. Ich habe gekämpft und mich entwickelt. Mit meinem damaligen Trainer stehe ich heute noch ab und zu in Kontakt. Immer wenn er in der Zeitung über mich liest, meldet er sich und ist sehr stolz auf mich. Ihm habe ich sehr viel zu verdanken. Vielleicht wäre es ganz anders gekommen, hätte mein Bruder mich nicht zufällig mit in den Basketballverein geschleppt und wäre ich dort nicht auf diesen engagierten Trainer getroffen.

Die bisherigen Beispiele in diesem Kapitel haben gezeigt, wie Jugendliche durch ein motivierendes Umfeld noch während ihrer Schulzeit angespornt werden können, ihr Potenzial zu nutzen. Wie beschwerlich es sein kann, wenn sowohl Unterstützung als auch Halt in der Familie fehlen und dies nicht von Lehrern kompensiert wird, führen die folgenden drei Beispiele von Anna, Stefan und Daniela vor Augen.

Unsere Mentorin Anna war als Jugendliche völlig auf sich allein gestellt. Sie wuchs in einem kleinen bayerischen Dorf auf, ihr Vater war Maschinenschlosser und ihre Mutter Hausfrau. Obwohl sie in der Grundschule einen Schnitt von 2,3 hatte, war Anna sehr früh klar, dass sie nicht für das Gymnasium empfohlen werden würde, da dies nur bei maximal drei Schülern aus jeder Klasse eintrat. Jedes Jahr wechselten nur sehr wenige dorthin, was üblicherweise immer die Kinder der im Dorf angesehenen Familien waren. Anna war insbesondere in Deutsch gut, was sie auf die vielen TV-Reportagen zurückführt, die sie während ihrer Kindheit im Fernsehen geschaut hat. Diese waren für sie das Fenster zur Welt. Im Nachhinein ist sie sich aber nicht sicher, ob sie in Bayern das Abitur geschafft hätte, da dort die Unterstützung der Eltern und Nachhilfestunden als selbstverständlich vorausgesetzt werden, wie sie inzwischen bei ihrer Tochter festgestellt hat, der sie regelmäßig bei den Hausaufgaben und Klausurvorbereitungen hilft. »Ich hätte es wahrscheinlich nur geschafft, wenn es institutionalisierte Unterstützungsstrukturen in der Schule gegeben hätte; Hausaufgaben- oder Nachhilfe, wenn es in dem einen oder anderen Fach mal nicht so klappt«, sagt Anna. Sie besuchte dann die Realschule, wo es bis zur neunten Klasse ganz gut lief. Doch dann hakte es in Mathe und es war niemand da, der sie unterstützte, niemand, der sich dafür interessierte, sodass sie schließlich sitzenblieb. Das Jahr zu wiederholen war kein Problem, doch Annas Wut und Enttäuschung griffen auf alle Fächer und Schule generell über. Sie fühlte sich alleingelassen im System Schule. »Ich habe es immer auf mich persönlich bezogen, dass ich es nicht schaffe.« Anna hakte daraufhin emotional das Thema Schule und ihr eigentliches Ziel, etwas werden zu wollen, ab. In der zehnten Klasse blieb sie den Abschlussprüfungen fern, weil sie zu große Angst hatte, durchzufallen, und brach die Schule ab. Ein Jahr zuvor hatte sie an den Abschlussprüfungen an der Hauptschule teilgenommen, sodass sie wenigstens den Hauptschulabschluss in der Tasche hatte. Ihren Eltern war das alles egal, sie hatten ihre eigenen Sorgen und Probleme, die sie völlig überforderten: »Wenn ich mal stabil war, brauchte ich nur nach Hause gehen, um das schnell wieder zu ändern. Meine Eltern waren für mich immer eher ein Klotz am Bein. Für mich da sein konnten sie nicht, die haben ihr eigenes Leben kaum auf die Reihe gekriegt.«

Eine Weile jobbte Anna, als Kellnerin oder als Aushilfe im Baumarkt. Danach fing sie eine Ausbildung als Zahntechnikerin an, die sie jedoch wieder abbrach. Mit zwanzig Jahren wurde sie plötzlich schwanger und sagte sich, dass sie sich nun am Riemen reißen müsse, da sie nun Verantwortung trage. Daraufhin besuchte sie ein Dreivierteljahr lang vier Mal die Woche die Abendschule und holte die mittlere Reife nach – als Klassenbeste. Nachdem ihre Tochter in den Kindergarten gekommen war, nutzte sie die Vormittage für eine Ausbildung zur Europasekretärin. Auf der Berufsschule saß sie mit vielen Gymnasiasten gemeinsam in der Klasse. Diese waren viel weiter als Anna, die anfangs viele Fünfen schrieb. Doch sie machte einfach weiter, biss sich durch und lernte nachts, wenn ihre Tochter schlief. Noch heute schwärmt sie von einer ihrer damaligen Lehrerinnen: »Sie war so ganz anders als alle Lehrer, die ich sonst kannte. Sie stellte hohe Ansprüche an uns, aber sie hat nie jemanden in eine Schublade gesteckt. Auch wenn du eine Fünf hattest, hat sie dir immer das Gefühl gegeben und daran geglaubt, dass du am Ende mit einer Eins herausgehen kannst. Und das hat sie auch ausgestrahlt.« Ihre Ausbildung beendete Anna als Viertbeste mit Einsen und Zweien auf dem

Zeugnis. Für eine Weile fand sie einen ziemlich gut bezahlten Teilzeitjob, doch dann wurde ihr gekündigt. Etwas Vergleichbares fand sie nicht mehr, schon gar nicht auf Teilzeitbasis, sodass Anna einen Job als Verkäuferin im Einzelhandel annahm. Nur ein Jahr später stieg sie zur Filialleiterin auf. Nach drei Jahren – vor ihrem dreißigsten Geburtstag – sagte sie sich jedoch: »Wenn du jetzt nicht die Kurve kriegst, wird es das gewesen sein.«

Als Jugendliche dachte Anna immer, sie werde es irgendwann allen zeigen, Abitur machen und studieren. Da sie in ihrem Job unterfordert war und das Gefühl hatte, ausgenutzt zu werden, entschloss sie sich, nur noch als Aushilfe zu arbeiten und innerhalb eines Jahres das Fachabitur nachzuholen. Sie bestand mit einer glatten Eins, sodass sie nichts mehr von einem Studium abhalten konnte. »Ich hatte immer einige Engel am Wegesrand, die mir eine Tür aufgehalten haben«, erzählt Anna gerührt. Sie ist überzeugt, dass Erfolgserlebnisse wichtig sind. Man brauche das Gefühl, dass man eine Hürde, die man als hoch empfindet, mit eigener Kraft, eventuell auch mit einem kleinen zusätzlichen Schubs von außen, überwinden kann. Dann wisse man, dass man das, was man sich vorgenommen hat, auch schaffen kann, wenn man sich anstrengt, und dass es sich lohnt zu kämpfen.

Dass sich Einsatz lohnt kann auch Stefan bestätigen. Sein Vater war Bahnbeamter, seine Mutter Hausfrau. In der Grundschule meinten Lehrer, er habe ADHS. Er würde viel rumzappeln und nicht aufpassen und sei ein Problemkind. Stefan wurden daraufhin Medikamente verschrieben und die Lehrer wollten ihn auf eine Spezialschule schicken – ein weiterer Beleg dafür, dass wir dazu tendieren, Probleme zu diagnostizieren, um danach zu selektieren anstatt die erforderlichen Unterstützungsmaßnahmen an Ort und Stelle zu organisieren. Dies ging seinen Eltern dann doch zu weit und sie konnten die Überweisung zur Sonderschule gerade noch verhindern. Heute ist Stefan sich sicher, dass er nie ADHS gehabt hat.

Die Lehrer, seine Eltern und auch Stefan waren sich einig, dass die Realschule für ihn das Beste sei: »Die Schule hat mir keinen Spaß gemacht und das Gymnasium zu schaffen habe ich mir selber auch nie zugetraut.« Seinen Abschluss machte er mit einem Schnitt von 2,5. Da seine Französischnote zu schlecht war, bekam er keine Abiturempfehlung. Stefan fragte sich, was er jetzt machen solle, da er trotz fehlender konkreter Ziele versuchen wollte, den für ihn höchstmöglichen Bildungsabschluss, sprich die Hochschulreife, zu erreichen.

Er ging zur Arbeitsagentur, um sich beraten zu lassen. Dort ließ man ihn einen Ausbildungstest absolvieren, der unter anderem darin bestand, eine Büroklammer zu verbiegen. Man empfahl ihm schließlich die Ausbildung zum Bürokaufmann. »Ich habe das damals einfach nicht hinterfragt; der Mann bei der Arbeitsagentur war für mich eine Autorität, den stellt man doch nicht infrage.« Stefan folgte dem Rat und stellte schnell fest, dass ihm viele Aufgaben leichter fielen als anderen, bald erzielte er überdurchschnittliche Leistungen. In seinem Unternehmen schloss er als Bester die Ausbildung ab. Anschließend konnte er dort noch ein paar Monate arbeiten, wurde jedoch nicht übernommen. Weitere Perspektiven zeigte ihm niemand auf und seine bisherigen Leistungen brachten ihn nicht weiter. Frustriert überlegte er, was er machen sollte. Erst mal wurde er jedoch zur Bundeswehr eingezogen, wo einige Monate später ein Bürokaufmann gesucht wurde. Stefan bekam die Stelle und verpflichtete sich für vier Jahre. Einer der Vorgesetzten unterstützte ihn, nebenbei sein Abitur in der Abendschule nachzumachen: fünf Abende die Woche, drei Jahre lang. Andere Vorgesetzte, Kollegen und einige Freunde sahen das mit großer Skepsis. »Das schaffst du doch eh nicht, lass' es doch gleich sein« oder »Haben Sie nichts mehr zu arbeiten?«, hörte er von ihnen. Sich jeden Abend aufzuraffen war in der Tat eine große Herausforderung, die viel Ausdauer erforderte. Mit Stefan hatten 30 Schüler begonnen, nach einem halben Jahr gaben 15 auf, woraufhin noch einmal 15 Neueinsteiger dazukamen. Die Hälfte erreichte schließlich das Abitur. Am Ende schaffte es also nur ein Drittel derjenigen, die angefangen hatten. Sein Vorgesetzter, seine Eltern und seine Freundin standen in dieser Zeit hinter ihm und unterstützen ihn in seinem Vorhaben. »Das war sehr wichtig, alleine ist es schwer durchzuhalten!« Die tägliche Routine und den Klassenverband empfand er ebenfalls als sehr hilfreich. Abitur machte Stefan mit 2,0 – die Bestnote seines Jahrgangs war 1,9. Die Idee, zu studieren, bekam Stefan übrigens unmittelbar nach Abschluss der Ausbildung: »Mir war langweilig, ich fühlte mich unterfordert und wollte das nicht mein Leben lang machen. Ich wusste, was mir ansonsten droht, das hat mich zum Abitur und zum Studium motiviert.«

Inzwischen ist Stefan dank des Engagements einer Professorin sogar Stipendiat eines Begabtenförderwerks. Doch was wäre gewesen, wenn er nicht so selbstbewusst gewesen wäre, wenn er den Entmutigungsversuchen seiner Vorgesetzten und

Kollegen nachgegeben hätte? Warum waren diejenigen, die ihn angespornt und unterstützt haben, in der Minderheit? Sein jüngerer Bruder besucht nun auch die Abendschule und macht gerade Abitur. Stefan ist sein Vorbild, er macht ihm Mut, dass er es auch schaffen kann: »Ich glaube nicht, dass er sein Abitur machen würde, wenn er nicht durch mich gesehen hätte, dass es machbar ist«, sagt Stefan. Auch hier wird wie bei Christian die Bedeutung von Vorbildern und realistischen Erfolgsaussichten deutlich.

Der mangelnde Glaube an die eigenen Erfolgsaussichten hat auch Danielas Bildungsweg zunächst bestimmt. Sie kommt aus einem Dorf in Ostdeutschland, ihr Vater ist Maler, ihre Mutter Kellnerin. In der Grundschule lag ihr Notenschnitt zwischen 2,0 und 2,5. Von den Lehrern erhielt sie eine Realschulempfehlung, was sie und ihre Eltern für richtig hielten, da es ihrer Erwartungshaltung entsprach. »Ich hätte mich nie getraut, aufs Gymnasium zu gehen, und in meinem Umfeld war das auch nicht üblich«, erzählt Daniela. In der Realschule entwickelte sie sich gut, hatte gute Noten und erhielt sogar eine Gymnasialempfehlung. Doch sie traute sich nicht zu, dorthin zu wechseln und Abitur zu machen. Sie bestätigt Melanie darin, dass die Kluft zum Gymnasium aus Sicht einer Realschülerin riesengroß ist. Außerdem hielt Daniela sich nicht für schlau genug.

Den Erwartungen von Lehrern und Eltern entsprechend, machte sie eine Ausbildung als Rechtsanwaltsfachangestellte, wechselte dann zu einem Unternehmen, wo sie sich etwas hocharbeiten konnte. Doch dann war Schluss, sie konnte nicht weiter aufsteigen und wurde unzufrieden, suchte nach neuen Perspektiven. Ein Bekannter, der an einer Fachhochschule studierte, riet ihr zum Studium. Sie schüttelte den Kopf: »Wie soll ich denn studieren? Ich bin nicht gut genug und außerdem habe ich ja kein Abitur!« Es gebe Bundesländer, in denen man auch ohne Hochschulreife studieren kann, entgegnet er: »Wenn du studieren willst, kannst du das auch! Das schaffst du!« Sie glaubte ihm nicht, doch irgendwann war sie so von ihrem Job frustriert, dass sie einwilligte, ihn zu einer Mathevorlesung zu begleiten. Als sie im Hörsaal saß, verstand sie die Aufgaben schneller als ihr Bekannter, den das auch etwas überraschte. »Das ist Studium? So hab' ich mir das nicht vorgestellt. Das ist ja total verschult und das ist ja machbar!«, dachte sie anschließend. Die erfolgreiche Bewältigung eines Studiums schätzte sie plötzlich als realistisch für sich ein. Ihr Bekannter lachte: »Hab' ich dir doch gesagt!« Inzwischen studiert Daniela ohne Abitur gemacht zu haben an einer Fachhochschule in Rheinland-Pfalz. In zwei Fächern hat sie bereits die zweitbeste Klausur geschrieben. Das Studium läuft sehr gut und es macht ihr Spaß. Ihre Mutter findet das toll, Vater und Bruder reagierten allerdings etwas neidisch.

Daniela ist fest davon überzeugt, dass ihr Bruder auch das Potenzial zu Abitur und Studium gehabt hätte. Doch wie bei ihr war es eigentlich nicht vorgesehen. Sie hat einfach Glück gehabt. Hat sich ihre Perspektive nun etwas verändert, frage ich sie, und Daniela antwortet schmunzelnd und bestimmt: »Ja, ich habe jetzt einen anderen Anspruch. Ich will beruflich jetzt etwas machen, was mir wirklich Spaß macht, etwas Anspruchsvolleres und nicht einfach nur irgendwas!«

Wie man an der Reaktion von Danielas Mutter sehen kann, sind manche Menschen in der Lage, ihre Meinung zu ändern. Wie ihre Tochter hat sie inzwischen einen anderen Anspruch und würde heute bestimmt mehr von ihr erwarten. Durch die bereits angesprochenen Erwartungshaltungen von Eltern und Lehrern sowie mangelnde Chancen, sich zu verbessern und dafür Anerkennung zu bekommen, steht bei vielen schon im Grundschulalter der weitere Bildungsweg fest. Anstatt Noten zu vergeben und zu selektieren, sollten wir beispielsweise standardisierte Tests einführen, um Leistung einerseits besser zu erfassen und diese andererseits vorhersagen zu können. Diese sollten dafür verwendet werden, um Schülerinnen und Schülern die für sie angemessenen Fördermaßnahmen zur Verfügung zu stellen – unabhängig vom aktuellen Leistungsstand und ihrer Herkunft. Ihnen sollte zugestanden werden, dass sie alle sich verbessern können, dass sie sich mal schneller und mal langsamer, aber auch in manchmal unvorhersehbar großen Sprüngen weiterentwickeln und vorankommen können. Wie das aussehen kann, erläutert die Bildungsforscherin Anna Sliwka am Schulsystem von Alberta in Kanada: »Durch eine genaue Analyse des Lernstands jedes einzelnen Kindes wird eine Förderintervention begründet, die dazu führen soll, dass das Kind beziehungsweise der Jugendliche durch schulische Bildung ein möglichst hohes Kompetenzniveau erreicht. [...] Grundsätzlich gilt das Prinzip: Kinder können nichts für ihre Herkunft; es geht darum, ihnen eine Zukunft zu ermöglichen, in der sie durch eigene Leistung auf eigenen Beinen stehen können. Beeindruckendes Beispiel für die Umsetzung dieses Prinzips ist, dass selbst afghanische Mädchen, die bis zu ihrer Ankunft in Kanada mit zwölf oder vierzehn Jahren nicht beschult wurden, so unterrichtet werden, dass sie den kanadischen Highschool-Abschluss in Klasse 12 erreichen.«[5]

Auch bei uns muss es möglich sein, dass Kinder unabhängig von ihren Eltern mithilfe von systematisch angebotenen Fördermaßnahmen neben regulärem Unterricht den ihrem Potenzial entsprechenden höchstmöglichen Bildungsabschluss erreichen. Wer meint, diese Maßnahmen seien zu teuer, sollte sich daran erinnern, dass sowohl der gesellschaftliche Schaden als auch die finanziellen Kosten, die uns durch Schulabbrecher, arbeitslose Jugendliche und den Fachkräftemangel entstehen, wesentlich höher sind. Auf Tagungen habe ich in letzter Zeit diverse Volkswirtschaftler kennengelernt, die uns dies sehr leicht vorrechnen können. Kurzum, wir müssen allen Kindern die Chance geben, ihr Maximalziel zu erreichen, indem wir sie aktiv und systematisch auf ihrem Bildungsweg fördern, sie dazu motivieren, indem wir ihnen glaubhaft vermitteln, dass Leistung in unserer Gesellschaft anerkannt und belohnt wird und zum Aufstieg führt. Können Eltern ihre Kinder unterstützen, sollten wir uns darüber freuen, aber wir sollten dies nicht als gegeben voraussetzen.

Wenn wir von ArbeiterKind.de gemeinsam mit unseren Mentoren versuchen, sehr gute Haupt- und Realschüler beim Wechsel auf eine Gesamtschule oder ein Gymnasium zu unterstützen, hören wir nicht selten von Lehrern: »Ich lass mir doch von Ihnen nicht meine besten Schüler wegnehmen, die mir den Unterricht schmeißen!« Bei Kindern aus Nicht-Akademikerfamilien entscheidet, wie wir bei Melanie, Stefan und Daniela sehr schön gesehen haben, meist der Zufall, was aus ihnen wird. Sie hatten Glück, ihnen haben, wie sie selbst sagen, Engel am Wegesrand Türen geöffnet oder aufgehalten. Dass viele von ihnen von kleinen, nicht vorsehbaren Wundern, von unberechenbaren Zufällen sprechen, sollte uns nachdenklich machen. Ebenso nachdenklich sollte es uns machen, dass bei einem Mentorentraining in Heidelberg vor einiger Zeit eine Teilnehmerin ihre große Dankbarkeit für das Privileg, als Erste in ihrer Familie studieren zu dürfen, ausdrückte – was eine andere mit Akademiker-Eltern sehr irritierte: »Wieso Privileg? Jeder hat doch in Deutschland ein Recht auf Bildung und darauf zu studieren!« So sollte es unser gemeinsames Ziel sein, diese Wunder durch eine systematische Förderung für alle Kinder zur Regel werden zu lassen.

»MACH MAL LIEBER 'NE AUSBILDUNG UND VERDIEN GELD, IST SICHERER.«
Was Nicht-Akademikerkinder vom Studium abhält

Dass die Entscheidung für oder gegen ein Studium nach dem Abitur weniger vom Notendurchschnitt oder persönlichen Interessen als von der Tatsache abhängt, ob in der eigenen Familie schon jemand studiert hat oder nicht, habe ich erst nach und nach begriffen. Mir war schon in der Oberstufe klar, dass eine Ausbildung für mich nicht infrage kam, was wiederum daran lag, dass mein Bruder sich fest in den Kopf gesetzt hatte zu studieren und bereits damit begonnen hatte. Marc war erneut mein Vorbild und hatte bereits wesentliche Informationen zum Thema Studium gesammelt, was mir die Sicherheit und Zuversicht gab, dass auch ich einen Hochschulabschluss anstreben könnte. Meine Eltern unterstützten uns in unserem Wunsch, fragten sich aber wie einige unserer Verwandten eine Zeit lang, ob es denn unbedingt Berlin sein müsste und nicht einer der nahe gelegenen Studienorte Bielefeld, Paderborn oder Münster. Ich erinnere mich noch daran, wie mein Bruder mit 18 oder 19 relativ spontan verkündete, er würde nach Berlin fahren, um sich die Freie Universität Berlin anzuschauen – aus heutiger Sicht eine ziemliche Nacht- und Nebelaktion. Seit Marc durch eine Jahrgangsstufenfahrt Berlin kennengelernt hatte, ließen ihn die Stadt und der Wunsch, dort zu studieren, nicht mehr los. Unsere weitere Familie empfand beides – Hochschulausbildung als auch den Umzug nach Berlin – als äußerst abenteuerlich. In den darauffolgenden Jahren bekamen mein Bruder und ich regelmäßig zu hören, dass wir dem Staat auf der Tasche lägen, faule lang schlafende Studenten seien, hinterher Taxi fahren würden und doch lieber eine Ausbildung machen und Geld verdienen sollten, wie alle anderen auch.

Marc studierte wenigstens Betriebswirtschaftslehre, ich hatte mich für Nordamerikastudien als Hauptfach entschieden, womit niemand etwas anfangen konnte. Meine Nebenfächer – Publizistik und Kommunikationswissenschaft sowie BWL – entsprachen zwar meinen Interessen, aber ich habe sie auch gewählt, um mich zu rechtfertigen – vor mir selbst und vor anderen. Auf die häufig gestellte Frage, was ich denn mit Nordamerikastudien machen wolle, konnte ich so wenigstens antworten: »Als Nebenfach habe ich ja noch BWL, damit finde ich dann einen Job.« Nachdem ich meinen Bruder zum ersten Mal in Berlin besucht und er mir die FU Berlin gezeigt hatte, war auch ich vom Berlin-Fieber gepackt und wollte dort studieren.

Noch in der Oberstufe und nach dem Abitur beobachtete ich in meinem Freundeskreis, dass einige, die einmal gesagt hatten, sie wollten studieren, plötzlich ihre Meinung änderten. Zudem visierten andere trotz hervorragender Noten von vornherein eine Ausbildung an. Erst viel später fiel mir auf, dass deren Eltern ausnahmslos nicht studiert hatten. So hatte eine Schulfreundin immer davon geschwärmt, Soziologin zu werden, besorgte sich aber dann, als so weit war, einen Ausbildungsplatz als Bankkauffrau. Als ich sie überrascht fragte, warum sie ihren Plan geändert hätte, meinte sie, ihre Eltern hätten ihr eine Ausbildung nahegelegt und sie sei jetzt auch der

Ansicht, dass das besser wäre. Ich glaubte ihr nicht und konnte mir nicht vorstellen, dass sie wirklich überzeugt war, etwas Praktisches sei für sie das Beste. Die Sichtweise ihrer Familie hat sich sicherlich mit ihren eigenen Zweifeln verbunden. Zudem wird es niemanden gegeben haben, der ihr widersprochen oder sie ermutigt hat. Mein bester Freund damals, den ich bereits aus dem Kindergarten und der Grundschule kannte und der in der Schule immer sehr gut war, entschied sich ebenfalls für eine Banklehre. Meiner Meinung nach war er extrem unterfordert, er langweilte sich in der Berufsschule und saß dort nur seine Zeit ab. Dies führte dazu, dass er sämtliche Ausbildungsrichtlinien las und seinen Arbeitgeber sogar dazu bewegte, Sonderfortbildungskurse anzubieten, damit er etwas mehr gefordert wurde. Zwischendurch hatte ich etwas Sorge, dass er versacken oder sich an das Geldverdienen gewöhnen könnte und kein Studium mehr aufnehmen würde. Doch glücklicherweise ging er im Anschluss an seine Ausbildung noch nach Hamburg, um wie geplant BWL zu studieren – in Rekordzeit.

Auf meine Forderung, dass so viele wie möglich einen Hochschulabschluss anstreben sollten, entgegnen mir Menschen häufig, was denn so schlimm daran sei, wenn Abiturienten eine Ausbildung machen würden. Das sei doch wirklich viel sicherer als ein Studium! Oder aber sie sind der Meinung, dass gar nicht alle studieren könnten. Ich persönlich habe nichts dagegen einzuwenden, wenn Abiturienten eine Lehre machen, insofern sie das auch wirklich wollen. In unseren Schulveranstaltungen fragen wir daher auch die Schüler, wer von ihnen eine Ausbildung machen möchte. Und wenn dann einer sagt, er wolle gerne Schreiner werden, das sei genau sein Ding, freut mich das sehr und ich ermutige ihn dazu. Ich möchte jedoch diejenigen, die zu einer Ausbildung tendieren, nur weil sie denken, dass ihnen nichts anderes übrig bleibt, davon überzeugen, dass dem nicht so ist. Sie haben die Wahl, sie können studieren, wenn sie möchten. Sie sollen vor allem wissen, dass sie den Hochschulbesuch finanzieren und schaffen können.

Ich denke, wir verschwenden Ressourcen, wenn wir Menschen, die eigentlich studieren möchten und die Voraussetzungen dafür erfüllen, in eine Ausbildung drängen oder zulassen, dass sie für sich selbst keine andere Möglichkeit sehen. Häufig werden mir dann die Studienabbruchquoten von insgesamt 20 Prozent vorgehalten. Nicht problematisiert und verschwiegen wird dagegen, dass sich die Zahl derer, die ihre Ausbildung nicht beenden, ebenfalls auf 20 Prozent beläuft. Darüber hinaus steht Deutschland im Vergleich zu anderen OECD-Ländern hinsichtlich der Studienanfängerzahlen schlecht da, der Durchschnitt der Studienabbrecher aller OECD-Länder liegt jedoch mit 30 Prozent weit höher. Die Ansicht, eine Ausbildung sei doch immer noch der beste Weg, um sich einen Platz im Erwerbsleben zu sichern, ist in der Bevölkerung leider immer noch weit verbreitet und ein akzeptierter Mythos. Die Statistiken belegen seit Jahren, dass je höher der Bildungsabschluss ist, umso besser sind die Berufsaussichten und umso geringer ist die Wahrscheinlichkeit, arbeitslos zu werden. Seit Jahrzehnten beläuft sich die Arbeitslosenquote von Akademikern auf unter 5 Prozent, aktuell liegt sie sogar bei nur 3 Prozent. Alle angeblich arbeitslosen Geisteswissenschaftler sind darin bereits eingeschlossen, also auch Germanisten und Philosophen. Wie auch in einem kürzlich im *SPIEGEL* unter der Überschrift »Akademiker, fürchtet Euch nicht!«[6] erschienenen Artikel zu lesen, ist es mir völlig schleierhaft, warum wir insgesamt und insbesondere unter Studierenden und Akademikern die Angst vor der Arbeitslosigkeit schüren, obwohl dies jeglicher statistischer Grundlage entbehrt.

Ähnlich verhält es sich bei den Verdienstmöglichkeiten. Sicherlich kann jemand mit einem gut laufenden Handwerksbetrieb finanziell annähernd so gut oder auch besser dastehen als ein Akademiker, aber die Zahlen zeigen doch sehr deutlich, dass das mögliche Einkommen Letzterer im Durchschnitt wesentlich höher ist. Das Verhältnis hat sich in den letzten Jahrzehnten etwas verändert, da man sich in der Generation meiner Eltern mit einer Ausbildung noch sehr gut hocharbeiten konnte. Doch meine Bekannten ohne Studienabschluss stoßen regelmäßig an besagte gläserne Decke, ihre Aufstiegsmöglichkeiten sind sehr begrenzt.

Auch Bildungsforscher können nachweisen, dass der Slogan »Aufstieg durch Bildung« sich bewahrheitet. So sagt etwa Stefan Hradil: »Der Schlüssel zum sozialen Aufstieg heißt eindeutig Bildung. Ein 35-Jähriger, der über einen Fachhochschul- oder Universitätsabschluss verfügt, hatte in den letzten Jahrzehnten eine etwa zwölf Mal so große Chance, in die Mitte aufzusteigen, als der Absolvent eines mittleren Bildungsabschlusses (mittlere Reife mit oder ohne Ausbildungsabschluss).«[7]

Auch der Bildungsexperte Heinz Bude kann dies bestätigen: »Das hervorstechende Merkmal von potentiellen Gewinnern und Verlierern ist der Bildungsabschluss. [...] Hohe Bildung garantiert gute Arbeit.«[8]

Wir alle wissen, dass wir in den nächsten Jahren einen großen Bedarf an hochqualifizierten Arbeitskräften haben. Diejenigen, die heute studieren, brauchen sich über ihre berufliche Zukunft also aller Voraussicht nach keine Sorgen machen. Aber selbst wenn die Berufsaussichten schlecht wären, würde ich trotzdem jedem raten, seinen Ausbildungsweg seinen Interessen entsprechend zu wählen und sich dabei nicht nach irgendwelchen unsicheren Vorhersagen zu richten. Immer wieder verwundert es mich, dass wir pauschale Empfehlungen wie »Studier' Ingenieurwissenschaften, damit kriegst du hinterher einen Job!« aussprechen, egal, wer gerade vor uns sitzt. Häufig reduzieren wir die Maxime darauf, eine Stelle zu bekommen oder ein gewisses Gehalt zu verdienen, ohne zu überprüfen, ob das auch das Ziel desjenigen ist, dem wir dies überstülpen. Es hilft wenig, wenn Menschen Ingenieure werden, die nicht dafür gemacht sind und hinterher damit nur unglücklich werden. Auch alles Geld der Welt kann das nicht kompensieren, selbst wenn jemand das Studium trotz mangelnder Begeisterung durchhält. Und warum sollen eigentlich nicht alle studieren? Dies wird zwar in naher Zukunft nicht eintreten, aber dennoch sollte es unser Ziel sein, dass alle Menschen das für sie höchstmöglichste Bildungsniveau erreichen. Würden wir nicht alle nur davon profitieren? Darüber hinaus kann es wohl kaum unserem demokratischen Gesellschaftsbild entsprechen, Menschen zu bevormunden und sie davon abzuhalten, sich zu bilden. Mein Anliegen ist es, dass die eigenen Vorlieben, Leistungen und Potenziale den Bildungsweg des Einzelnen bestimmen und nicht der familiäre Hintergrund. Warum ist ein Studium für einen Abiturienten aus einer Akademiker-Familie unabhängig von der Abiturnote selbstverständlich? Und warum ist hingegen der Hochschulbesuch selbst für einen 1,0er-Abiturienten alles andere als selbstverständlich, wenn in seiner Familie noch niemand studiert hat?

Entgegen der weitverbreiteten Vorstellung, dass diejenigen, die die Hochschulreife erlangt haben, auch ein Studium aufnehmen, belegt die 19. Sozialerhebung des Deutschen Studentenwerks meine eigene Erfahrung: Lediglich die Hälfte aller Abiturienten aus Nicht-Akademikerfamilien studiert. Während von 100 Akademikerkindern 71 ein Studium beginnen, sind es bei den Nicht-Akademikerkindern nur 24, obwohl immerhin 45 das Abitur erreichen. Folglich lässt sich die Wahrscheinlichkeit, ob jemand studieren wird, am Bildungsstand der Eltern ablesen. Haben diese einen Hochschulabschluss erworben, ist auch für deren Kinder ein Studium naheliegend; haben sie hingegen eine Ausbildung gemacht, ist dieser Weg auch für ihre Kinder vorgezeichnet. Da inzwischen allgemein bekannt ist, dass die Chance, eine Lehrstelle zu bekommen, durch die Erlangung des Abiturs steigt, ist die Hochschulreife in Nicht-Akademikerfamilien mittlerweile durchaus gewollt beziehungsweise stärker erwünscht als früher. Obwohl sie vor allem zum Studium berechtigt, ist jedoch die Möglichkeit, es auch aufzunehmen, in vielen Familien mit nicht-akademischem Hintergrund kaum oder wenn überhaupt erst im Anschluss an eine »sichere Berufsausbildung« denkbar. Das eigene familiäre Umfeld – unabhängig von der Abiturnote – rät häufig eher zu einer Ausbildung, da ihm dieser Weg vertraut ist und ein sofortiges regelmäßiges Einkommen und damit Sicherheit verspricht. Hingegen ruft ein Studium Ängste bezüglich Finanzierung, Anhäufung von Schulden durch BAföG, Studiengebühren oder -kredite sowie vor Arbeitslosigkeit im Anschluss daran hervor. Es wird daher von Eltern, die selbst keine Hochschule besucht haben, häufig als sehr riskantes finanzielles Wagnis wahrgenommen. Verstärkt werden diese Befürchtungen durch ein großes Informationsdefizit bezüglich der Studienfinanzierung, des eigentlichen Ablaufs sowie der Erfolgs- und späteren Berufsaussichten. Sind im eigenen Umfeld keinerlei Vorbilder zu finden oder Studienerfahrungen vorhanden, bleibt beispielsweise offen, wie BAföG genau funktioniert und dass es sich dabei um einen zinslosen Kredit handelt, der lediglich zur Hälfte und auch erst fünf Jahre nach Abschluss des Studiums zurückgezahlt werden muss. Zudem ist etwa auch die Möglichkeit, von den insgesamt zwölf staatlich finanzierten Studienförderwerken unterstützt zu werden, unter Schülern und Studierenden, die als Erste in ihrer Familie einen Hochschulabschluss anstreben, meist gänzlich unbekannt.

Darüber hinaus trauen sich viele Abiturienten aus Nicht-Akademikerfamilien trotz hervorragender Noten ein Studium nicht zu, da sie nicht einschätzen können, was sie erwartet und sie Angst haben, den Leistungsanforderungen nicht entsprechen zu können. Selbst Jugendliche mit Einser- oder Zweier-Abitur schätzen ihr eigenes Potenzial und die Wahrscheinlichkeit, die Uni erfolgreich abzuschließen, sehr pessimistisch ein. Ohne Vorbild und Studienerfahrung im persönlichen Umfeld können diese Befürchtungen und Zweifel häufig nicht entkräftet werden. Die 50 Prozent der Abiturienten, die sich schließlich doch für eine Hochschulausbildung entscheiden, sehen sich sowohl in der Bewerbungs- und Studieneinstiegsphase wie auch im weiteren Verlauf des Studiums mit einem großen Informationsdefizit und einem Mangel an niedrigschwelligen Beratungsangeboten konfrontiert. Auch wenn Eltern, die selbst keine Uni besucht haben, dem Studium ihrer Kinder positiv gegenüberstehen und sie unterstützen möchten, fühlen sie sich häufig hilflos, da sie nicht über das notwendige Wissen verfügen und keine Ahnung haben, wo sie anrufen und Hilfestellung erhalten können. Sie erleben es zum Teil sogar als Demütigung, wenn sie ihre Kinder nicht weiter auf deren Bildungsweg begleiten können, insbesondere wenn sie darüber hinaus auch nicht in der Lage sind, in finanzieller Hinsicht für sie da sein zu können. An diesem Punkt befinden sich Mütter und Väter in derselben Situation wie Jahre zuvor, als es darum ging, auf welche weiterführende Schule ihr Kind gehen soll. Es stellen sich ihnen sehr ähnliche Fragen und die Ungewissheit, ob die Weiche in die richtige Richtung gestellt wird, bleibt. Auch hier berichten erfolgreich Studierende und Akademiker der ersten Generation häufig von einzelnen Menschen in ihrem Umfeld, zum Beispiel Lehrern, die sie explizit zum Hochschulbesuch ermutigt und sich intensiv für die Aufnahme eines Studiums eingesetzt haben. Darüber hinaus müssen gerade Studierende der ersten Generation eine extrem große Frustrationstoleranz, Durchsetzungskraft und Ausdauer mitbringen.

Sie erinnern sich an Antonio, der es einem äußerst hilfsbereiten Akademiker-Ehepaar zu verdanken hat, es von der Hauptschule bis zum Abitur auf dem Wirtschaftsgymnasium geschafft zu haben. Eigentlich wollte er anschließend studieren, doch ihm stellten sich zwei entscheidende Fragen: »Kann ich das, studieren?« und »Wie soll ich das bezahlen?« Insbesondere die Studiengebühren bereiteten ihm großes Kopfzerbrechen. Antonio kam schnell zu dem Schluss, dass er die erforderlichen Mittel nicht würde aufbringen können. Eine Hochschule zu besuchen kam daher nicht infrage und er sagte sich: »Wenn ich schon nicht studieren kann, weil ich das Geld nicht habe, mache ich wenigstens eine richtig gute Lehre!« Hoch engagiert begann er folglich eine kaufmännische Ausbildung, konnte diese sogar verkürzen und schloss in seinem Bereich schließlich als Jahrgangsbester des Landes Baden-Württemberg ab. Dies führte zu zahlreichen Ehrungen auf Regionalebene, er wurde von verschiedenen Bürgermeistern empfangen und durfte sogar einmal Anke Engelke die Hand schütteln. Nach dem langen Weg durchs deutsche Schulsystem wusste er nicht, wie ihm geschah, als er plötzlich mit Lob und Anerkennung überhäuft wurde, sodass er sich dachte: »Vielleicht bin ich ja doch nicht so dumm, vielleicht kann ich doch noch studieren?« Antonio erhielt ein Baden-Württemberg-Stipendium, eine Begabtenförderung für die berufliche Bildung, mit der er eine Zeit lang ins Ausland hätte gehen können. Er konnte allerdings nicht richtig einschätzen, was es tatsächlich für ihn bedeutet hätte. Als er bei seinem Arbeitgeber nachfragte, für den er nun ein gutes Aushängeschild war, ob er sich nebenberuflich weiter fortbilden dürfe, antwortete man ihm: »Bloß nicht, da fehlst du ja im Betrieb.«

Doch Antonio erinnerte er sich daran, was Akademiker-

Helmut ihm immer gesagt hatte: »Geh studieren, Junge! Du kannst das!« So nahm er seinen Mut zusammen, fing an zu sparen und informierte sich über BAföG. Sein Entschluss stand fest: Jetzt wollte er endlich studieren. Nachdem er seine Stelle aufgegeben hatte, wurde seinem Vater – Alleinverdiener der Familie – überraschend gekündigt. Zwar erhielt er eine höhere Abfindung, doch diese führte dazu, dass Antonio die Aussicht auf BAföG verlor. Die Summe der Abfindung würde jedoch für den Unterhalt der Familie nicht lange reichen. Daraufhin nahm Antonio seine Kündigung zurück und gab seinen Plan, zu studieren, erst mal wieder auf. Nach einigen Monaten ging sein Vater in Rente, in der Familie lief es wieder etwas besser und Antonio traute sich erneut, mit dem Gedanken an ein Studium zu spielen. Doch seine Zweifel, ob er auch gut genug sei – insbesondere in Mathe, denn er hatte BWL ins Auge gefasst –, blieben. Um sich und seine Erfolgschancen besser einschätzen zu können, vereinbarte er einen Termin mit der Studienberatung einer bayerischen Hochschule. Dort schilderte er einem Mitarbeiter offen und ehrlich seinen bisherigen Bildungsweg und erzählte von seinem Wunsch, einen Abschluss in BWL zu machen. Aber er sprach auch über seine Ängste und seine nach eigener Einschätzung großen Lücken in Mathe. Daraufhin schaute ihn der Berater mit großen Augen an und sagte: »Junger Mann, ich will Ihnen ja nicht Ihren Traum zerstören, aber wer BWL studieren möchte, muss in Mathe begabt sein. Das ist ein halbes Mathematikstudium. Wenn Sie in Mathe nicht gut sind, hat das keinen Sinn.« Frustriert zog Antonio daraufhin von dannen und sagte sich: »Das ist dann wohl gelaufen, das wird nichts mit dem Studium!«

Weil er die Hoffnung doch nicht ganz aufgeben wollte, suchte er in den folgenden Wochen die Studienberatung zwei weiterer Hochschulen in Baden-Württemberg auf. Doch auch dort erhielt er die gleiche Antwort: Wenn Sie kein Mathe können, dann können Sie ein BWL-Studium nicht schaffen! An dieser Stelle möchte ich kurz einhaken und feststellen, dass es Antonio gewesen ist, der von sich selbst behauptet hat, er könnte kein Mathe. Zudem stellt sich die Frage, woran man überhaupt festmachen kann, ob jemand Mathe kann oder nicht beziehungsweise ob die Kenntnisse für ein BWL-Studium ausreichen oder nicht. Aus eigener Erfahrung und von Bekannten weiß ich, dass die Mathematik-Anteile in dem Fach je nach Hochschule sehr unterschiedlich sein können. Darüber hinaus habe ich schon von vielen gehört, dass sie zwar in der Schule in Mathe zu kämpfen hatten, sobald es sich bei den Lerninhalten jedoch um praktische Anwendungen gehandelt hätte, die sie mit persönlichen Interessen verknüpfen konnten, sei es ihnen plötzlich ganz leicht gefallen. Antonio jedenfalls war kurz davor, frustriert wie er war, seinen Studienwunsch für immer an den Nagel zu hängen, nachdem ihm drei Mal davon abgeraten worden war. Doch dann traf er zufällig einen alten Freund wieder, der inzwischen an der Universität Mannheim BWL studierte, und schilderte ihm die Situation. Daraufhin lachte ihn sein Freund an und sagte: »Lass' dir doch von denen nichts einreden! Das BWL-Studium schaffen so viele Trottel, du wirst das auch hinbekommen!« Dies ließ Antonio wieder an seinen großen Studienwunsch glauben, sodass er sich an sämtlichen Hochschulen bewarb, denn er hatte Angst, mit einem Schnitt von 2,5 keinen Platz zu bekommen.

Zu seiner Überraschung erhielt er jedoch zahlreiche Zusagen und konnte am Ende sogar zwischen den Unis wählen. Obwohl er auch von Hochschulen in Berlin, Frankfurt und München angenommen worden war, entschied er sich für die Fachhochschule einer Kleinstadt in Baden-Württemberg, da sie in der Hochschulbewertung im Fach BWL mit am besten abgeschnitten hatte. Antonio wusste damals nicht, nach welchen Kriterien er sich sonst hätte entscheiden sollen. Seitdem studiert er ziemlich erfolgreich, sein Notenschnitt liegt bei Eins bis Zwei. Zwar merkt er immer wieder, dass er in Mathe einiges aufzuholen hat, aber bisher hat er es immer geschafft und ist noch durch keine einzige Klausur gefallen. Vielen Dozenten ist er bereits im ersten Semester durch seine hervorragenden und kreativen Referate aufgefallen. Antonio fühlt sich wohl und das Studium macht ihm sehr viel Spaß. Nur dessen Finanzierung bereitet ihm weiterhin Probleme und Sorgen. Von den Studiengebühren wurde er zum Glück befreit, sonst hätte er sich gar nicht erst zu diesem Schritt entschieden. Aber bald wird er 25 und dann fällt das Kindergeld weg. Er bekommt den BAföG-Höchstsatz von 649,– Euro, was für Miete, Bücher, den Semesterbeitrag und das, was sonst noch so anfällt, ganz schön knapp ist. Bei dem Arbeitspensum, das beim Bachelor herrscht, ist es schwer, in der Vorlesungszeit zu jobben, daher kann Antonio nur noch in den Semesterferien arbeiten. Nicht selten bereitet ihm seine finanzielle Situation schlaflose Nächte. Dabei ist es Antonios Traum, nach dem Bachelor noch den Master zu machen – wenn es mit der Finanzierung klappt.

Antonios Geschichte zeigt einige der zentralen Gründe auf, die Nicht-Akademikerkinder vom Hochschulbesuch abhalten: Ängste, das Studium nicht zu schaffen, nicht gut genug zu sein und die Ausbildung nicht finanzieren zu können. Hinzu kommen Menschen aus dem Umfeld – sei es die eigene Familie, Freunde, Lehrer oder auch professionelle Studien- und Berufsberater –, die dazu neigen, der pessimistischen Selbsteinschätzung Glauben zu schenken und vom Studium abraten. Leider gehen wir häufig davon aus, dass Menschen mit großem Selbstvertrauen auch eine große Leistungsfähigkeit haben. Wir glauben ihm einfach, wenn jemand sagt, er könne das. Ist jemand vom Gegenteil überzeugt und stellt er sich selbst infrage, dann lassen wir es so stehen und erwarten, dass er es nicht schafft. Insbesondere bei Nicht-Akademikerkindern führt diese Neigung jedoch zu falschen Schlussfolgerungen. Nach meiner Erfahrung sind die mit dem geringsten Selbstvertrauen häufig gerade diejenigen, die am stärksten reflektieren, sich am meisten reinhängen und das größte Potenzial haben.

Da in Nicht-Akademikerfamilien hinsichtlich Studium keine Erfahrungswerte vorhanden sind, wenden sich Menschen wie Antonio an Experten, die sie fragen können. Entweder landen sie bei der Arbeitsagentur oder der Hochschul-Studienberatung. Die Ansprechpartner dort stehen unter hohem Druck, die Auslastung ist groß, sodass sie sich verständlicherweise angegriffen fühlen, wenn wir von ArbeiterKind.de auf ihre Beratung zu sprechen kommen. Es geht mir jedoch nicht darum, die Berufs- und Studienberater anzugreifen oder die Qualität ihrer Arbeit grundsätzlich infrage zu stellen – im Gegenteil, ich möchte verdeutlichen, wie wichtig sie sind und wie entscheidend ihr Einfluss gerade für die Bildungslaufbahn von Nicht-Akademikerkindern sein kann. Diese haben nämlich niemanden, den sie fragen können, und sind daher froh und dankbar, wenn sie kostenlosen Rat von Experten einholen können. Dennoch ist keinem damit geholfen – weder den Beratern noch den Nicht-Akademikerkindern –, weiter zu ignorieren, dass einem Großteil der Ratsuchenden von nicht-akademischer Herkunft in unserem Netzwerk nahegelegt wurde, besser nicht zu studieren. Viele von ihnen sind dem nicht gefolgt und gingen trotzdem zur Uni. Ich suche nicht nach Schuldigen, insbesondere weil die Studienberater in meinen Augen nicht zwangsläufig verantwortlich sind für die Entscheidung, die letztlich getroffen wird. Wenn Sie aber in eine unserer bundesweiten ArbeiterKind.de-Gruppen gehen und das Wort Studien- oder Berufsberatung erwähnen, werden Sie sofort ein großes Stöhnen vernehmen und zahlreiche Anekdoten geschildert bekommen. Daraus lässt sich schließen, dass die mit Beratern gesammelten Erfahrungen sich in gewisser Art und Weise ähneln. Das heißt, es muss sich um ein Phänomen handeln, weniger um einzelne, vielleicht schlecht ausgebildete Ansprechpartner oder schwarze Schafe.

Den Gesprächen in unserem Netzwerk habe ich entnommen, dass es immer wieder zu denselben Kommunikations- und Wahrnehmungsproblemen kommt, die schließlich dazu führen, dass ein Studieninteressent aus der Beratung kommt und zumindest verstanden zu haben glaubt, dass ihm gerade dringend vom Studium abgeraten wurde. In einigen Fällen wurde vielleicht klipp und klar gesagt, dass ein Hochschulbesuch ausgeschlossen sei, in anderen wiederum nicht, aber der potenzielle Bewerber hat dem Gesagten entnommen, dass eine Ausbildung besser für ihn sei. Daher ist es mein Anliegen, Studien- und Berufsberater für Denk- und Interpretations- muster zu sensibilisieren, die insbesondere bei Studieninteres- sierten aus Familien ohne Hochschulerfahrung weitverbreitet sind. Darüber hinaus möchte ich ihnen bewusst machen, dass sie nicht selten diejenigen sind, die indirekt maßgeblich über einzelne Bildungsbiografien und Lebensläufe mitentscheiden und daher eine große Verantwortung tragen, was sicherlich auch sehr belastend sein kann. Hier sitzen sie im selben Boot mit den Grundschullehrern, deren Empfehlung für die weiter- führende Schule und die Bildungsbiografie an sich, wie wir ge- sehen haben, teilweise matchentscheidend ist.

Ich denke aber, dass sich dies vermeiden ließe, wenn wir uns von der – wie ich finde typisch deutschen – Angewohn- heit verabschieden, anderen Menschen immer eine eindeu- tige Empfehlung oder eine Handlungsanweisung zu geben. Gleichzeitig muss auch den Ratsuchenden kommuniziert wer- den, dass es niemanden gibt, der ihnen sagen, kann, was der richtige Weg, was das Beste für sie ist.

Bei unseren Mentorenseminaren arbeiten wir mit einer Trainerin zusammen, die zu sagen pflegt: »Wir wissen doch meist nicht einmal, was das Beste für uns selbst ist, wie sollen wir dann wissen, was für andere das Beste ist?« Ich habe je- doch beobachtet, dass dies in der Beratung immer wieder pas- siert, wobei nicht gefragt wird, was eigentlich die Interessen, Fähigkeiten und Wünsche des Ratsuchenden sind. Da hört man dann Sätze wie: »Ich glaube, BWL ist das Richtige für dich!« oder »Du solltest auf jeden Fall Ingenieur werden, die werden gesucht!« Diese Empfehlungen sind natürlich von den eigenen positiven wie negativen Lebenserfahrungen oder von den persönlichen Vorlieben geprägt, die allerdings selten mit denen anderer übereinstimmen. Auf einer Podiumsdiskussion wurden Bildungsexperten und ich kürzlich gefragt, welche Universität wir einem Studenten heutzutage empfehlen würden – eine Hochschule in der Nähe oder lieber eine mit Exzellenzstatus in der Ferne? Ich wunderte mich sehr darüber, wie bereitwillig und engagiert die anderen Teilnehmer sofort konkrete Vorschläge unterbreiteten. Meine Antwort lautete hingegen: »Ich würde den Studenten fragen, was er möchte, und ihn dabei unterstützen, sich die Informationen einzuholen, die er benötigt, um für sich eine Entscheidung zu treffen.«

In unseren Sprechstunden bei ArbeiterKind.de fällt mir immer wieder auf, dass die meisten Schüler, die zu uns kommen, noch nie nach ihren eigenen Bedürfnissen und Vorstellung gefragt wurden. Meine erste Frage lautet daher immer: »Was möchtest du? Was sind deine Gedanken, Ängste, Träume, Wünsche?«, woraufhin die typische Antwort lautet: »Ich? Was ich möchte? Naja, meine Eltern möchten das, meine Schwester macht das und meine Freunde machen das!« Wieder will ich wissen: »Und was möchtest du?« Häufig haben sie noch nie darüber nachgedacht, weil das noch nie jemand ernsthaft von ihnen wissen wollte. Aus meiner Sicht sollte niemand als Pseudo-Orakel fungieren und irgendwelche Empfehlungen auszusprechen, denn das ist ineffektiv. Vielmehr sollten Schüler zum Nachdenken und zur Eigeninitiative aktiviert werden. Man sollte sie darin unterstützen, die für sie relevanten Informationen zu sammeln und zu bewerten und ihnen bei der anschließenden Wahl eines Ausbildungswegs zur Seite zu stehen – ohne ihnen jedoch die Arbeit abzunehmen. Denn entscheiden müssen sie selbst, dafür sollten sie so gut informiert wie möglich sein.

In den USA hat sich schon vor langer Zeit ein bewährtes Konzept zur Studien- und Berufsberatung durchgesetzt. In Workshops lernen Kinder- und Jugendliche, wie sie sich über ihre eigenen Interessen klar werden können und für sich denkbare berufliche Zukunftsszenarien entwerfen, wie sie Interviews mit Berufstätigen über deren Arbeit durchführen und diese anschließend für sich auswerten können. Ich würde mir wünschen, dass wir unsere Angewohnheit, pauschal frontale Empfehlungen auszusprechen, durch diese Techniken ersetzen.

Auch in unserem Netzwerk kooperieren wir mit vielen hoch engagierten Studienberatern, sodass ich weiß, dass man schon mit sehr einfachen Mitteln das Beratungsangebot dem Profil von Nicht-Akademikerkindern besser anpassen und somit verhindern kann, dass sie wider besseres Wissen vom Studium generell oder von einem bestimmten Fach abgehalten oder entmutigt werden.

Was unterscheidet denn ein Akademikerkind von einem Nicht-Akademikerkind bei der Studienberatung, werden Sie sich vielleicht fragen. Zunächst einmal nehmen nach meiner Beobachtung wesentlich weniger Akademikerkinder das Angebot überhaupt in Anspruch. Sie erachten dies seltener für notwendig, weil ihnen in ihrem Elternhaus ein gewisses Vorwissen und Kompetenzen vermittelt wurden, sie also über ein Netzwerk verfügen und von zu Hause Unterstützung erfahren. Lassen sie sich doch beraten, tun sie dies mit einer ganz anderen Einstellung und Erwartung, sie haben bereits konkrete Fragen und suchen gezielten Rat. Denn für sie ist von vornherein klar, dass sie studieren werden, was sie sich auch nicht ausreden lassen. Und selbst wenn es jemand versuchen sollte, würden Eltern und Umfeld sofort sehr stark gegensteuern. So wird dann auch die Einschätzung beziehungsweise das Ergebnis der Beratung als weniger bedeutend wahrgenommen. Wird man in seinen eigenen Vorstellungen bestätigt, freut sich der Ratsuchende. Ist dies nicht der Fall, so ist die Studienberatung eben nur eine von vielen unterschiedlichen Informationsquellen. Das, was man dort erfahren hat, wird gemeinsam mit Eltern, Verwandten und dem gesamten Umfeld kritisch reflektiert und bewertet. Selbst wenn das Ergebnis nicht den eigenen Wünschen entspricht, wird trotzdem das Studienfach gewählt, für das man sich beziehungsweise die Familie entschieden hat.

Bei Nicht-Akademikerkindern sind die Erwartungen jedoch ganz andere und die Fragen, der Beratungsbedarf insgesamt viel komplexer. Dass sie in der Regel keine weiteren Ansprechpartner haben, müssen sie, wie gesagt, die erhaltenen Informationen auf sich allein gestellt bewerten und kritisch hinterfragen. Die gewonnene Einschätzung nach der Beratung erhält folglich ein viel höheres Gewicht und somit großen Einfluss auf die anschließende richtungweisende Entscheidung über den weiteren Bildungsweg. Darüber hinaus handelt es sich im Fall von Nicht-Akademikerkindern eher um einen Fragenkomplex, den sie häufig selbst noch nicht richtig fassen, ordnen, geschweige denn mit einem Berater strukturiert durchgehen können: Soll ich überhaupt studieren oder eine

Ausbildung machen? Kann ich überhaupt studieren, wenn ja, kann ich das finanzieren und bin ich intelligent genug? Für welches Fach soll ich mich entscheiden und werde ich hinterher einen Job bekommen, Geld verdienen und meine Schulden abbezahlen können? Kann ich auch einen Studiengang wählen, den ich weder vor meinen Eltern noch vor mir selbst rechtfertigen muss, obwohl er zu keinem fest umrissenen Beruf führt?

Ich verstehe, wenn diese Fragen nicht innerhalb einer halben Stunde zu beantworten sind, erst recht nicht, wenn sie von den Ratsuchenden nicht klar formuliert und auf den Punkt gebracht werden konnten. Zudem liegt es in der Natur der Sache, dass nicht immer gleich eine klare Handlungsempfehlung sprich Entscheidungshilfe ausgesprochen werden kann, was für Schüler jedoch schwer begreiflich ist. Wenn man gerade Abitur gemacht hat, geht man noch davon aus, dass es auf jede Frage eine eindeutige richtige oder falsche Antwort gibt und dass Erwachsene eine Lösung sowie den einen richtigen Weg doch kennen müssten. Hier gilt es, die aus der Schule mitgebrachten Denkmuster zu durchbrechen, was sicherlich auch nicht innerhalb einer halben Stunde erfolgen kann. Solange die Beteiligten, das heißt die Berater, sich nicht bewusst darüber sind, um welche Art Fragen es sich eigentlich handelt, können komplexe Beratungssituationen in den meisten Fällen für beide Seiten nur unbefriedigend verlaufen. Sobald aber klar ist, dass es sich um jemanden handelt, der als Erster in seiner Familie darüber nachdenkt zu studieren und sich mit den für diese Gruppe typischen zahlreichen Zweifeln, Grundsatzfragen sowie wenig Selbstbewusstsein herumschlägt, werden die

Fragestellungen in ihrer Tiefe zumindest annähernd erfasst und beantwortet werden können.

Fehlt dieses Verständnis, so können Beratungsgespräche leider so unglücklich verlaufen wie das von Silke. Aus Angst vor den Studiengebühren schloss sie den Hochschulbesuch zunächst für sich aus. Da sie allerdings so begeistert von dem naturwissenschaftlichen Fach war, das sie ins Auge gefasst hatte und das nur an wenigen deutschen Universitäten angeboten wird, ermutigte ich sie, einfach mal dorthin zu fahren, sich die Stadt sowie die Fakultät anzuschauen und die Studienberatung aufzusuchen, um sich ausführlich über Finanzierungsmöglichkeiten zu informieren. Ich ging davon aus, dass die Ansprechpartner vor Ort großes Interesse daran haben würden, neue Studenten zu gewinnen und sie Silke daher einige Vorschläge zur Studienfinanzierung unterbreiten und ihr Mut machen würden. Stattdessen berichtete sie mir anschließend, dass ihr der Berater dringend sowohl vom angestrebten Fach als auch generell von einem Studium in Baden-Württemberg abgeraten hatte, da sie es sich als BAföG-Empfängerin nicht würde leisten können. Sie solle lieber in Ostdeutschland studieren, am besten auch ein anderes Fach. Die Naturwissenschaften seien nun mal sehr schwer und er selbst hätte so ein Studium auch nicht schaffen können, da es extrem anspruchsvoll sei. Der äußerst engagierte Studienberater machte sich sogar die Mühe, im Prüfungsamt anzurufen, um die Höhe der Durchfallquote bei den letzten Klausuren zu erfragen. Darüber hinaus erläuterte er Silke ausführlich, was passieren würde, wenn sie die Klausuren nicht besteht, dadurch Semester verliert, den Studiengang nicht schafft und mit einem abgebrochenen Studium anschließend das BAföG nicht zurückzahlen kann. Silke berichtete, wie gut gelaunt der Studienberater bei all den Schilderungen dieser Horrorszenarien war, wie freundlich, mitfühlend und überzeugt er ihr seine Ratschläge unterbreitet hätte. Sie sagte mir auch, dass sie sehr traurig gewesen ist, als sie den Raum verließ. Zudem sah sie sich in ihrer eigenen pessimistischen Annahme bestätigt, dass sie die Studiengebühren nicht würde bezahlen können, dass das Fach für sie zu schwer und folglich das Risiko zu hoch sei.

Würden wir den Studienberater fragen, wie er das Gespräch empfunden hätte, würde er wahrscheinlich abstreiten, Silke vom Studium abgeraten zu haben. Er würde erklären, dass er ihr lediglich ein realistisches Bild vermitteln und sie über die Gefahren aufklären wollte, damit sie hinterher nicht zurückkommt und sich beschwert, sie habe nicht gewusst, wie schwer die Studienanforderungen seien und wie hoch sie sich durch BAföG und die fälligen Studiengebühren verschulden würde. Viele Berater haben natürlich überwiegend mit potenziellen Bewerbern, Studienanfängern und Studenten zu tun, die Schwierigkeiten bei der Bewältigung der Anforderungen haben. Daher ist es nachvollziehbar, dass sie den Umgang mit denjenigen, die enttäuscht und frustriert zu ihnen kommen, weil sie doch das falsche Fach gewählt haben oder mit Finanzierungsproblemen kämpfen, gewohnt sind und diese gut verstehen. Wenn man jedoch vor allem mit Problemfällen konfrontiert ist, besteht natürlich die Gefahr, den Blick für Potenziale und Entwicklungsmöglichkeiten zu verlieren. Zudem besteht die Wahrscheinlichkeit, dass durch sicherlich wohlwollende Aufklärung und den Anspruch, vor dem Scheitern zu bewahren, sich insbesondere bei Nicht-Akademikerkindern Worst-case-Szenarien einstellen, die sie nicht nur von der Wahl eines bestimmten Fachs, sondern komplett vom Studium abhalten. Wenn Sie einem Schüler mit nicht-akademischem Hintergrund bestimmte Probleme aufzeigen, die mit dem Hochschulbesuch oder den anschließenden Berufsaussichten zusammenhängen, können Sie davon ausgehen, dass er dies um ein Vielfaches negativer wahrnimmt, als Sie es beabsichtigt haben. Und ich kann Ihnen versichern, dass Nicht-Akademikerkinder genauer zuhören als Sie vielleicht denken. Wenn Sie unsere Ehrenamtlichen nach ihren Erfahrungen mit Berufs- oder Studienberatung fragen, werden diese Ihnen so lebhaft, als wäre es gestern gewesen, Anekdoten und Unglaubliches schildern und einzelne Kommentare wörtlich zitieren können, selbst wenn dies schon mehrere Jahre her ist.

Nachdem mir Silke enttäuscht von ihrem Erlebnis bei der Studienberatung berichtet hatte – was ich ihr im Vorfeld ja nahegelegt hatte –, wendete ich mich verärgert an die Leitung vor Ort, um mich zu beschweren. Ich wollte wissen, warum man meiner Mentee vom angestrebten Fach abgeraten und ihr bezüglich Studienfinanzierung keine Optionen aufgezeigt hatte. Eine Möglichkeit wäre zum Beispiel der Studienkredit der zuständigen Landesbank gewesen, der mit dem BAföG addiert wird, wobei der Rückzahlungsbetrag auf insgesamt 10 000 Euro beschränkt ist. Silkes Ansprechpartner wurde daraufhin mit folgenden Worten verteidigt: »Aber Sie werden mir doch zustimmen, dass man so jemandem nicht die Aufnahme eines Kredits empfehlen kann.« Im Laufe des Telefonats wurde deutlich, dass meine Gesprächspartnerin – sie hatte sogar promoviert – mit keinerlei Möglichkeiten der Finanzierung von Studiengebühren an ihrer eigenen Hochschule vertraut war. Stattdessen wiederholte sie immer wieder, wie bemüht und emphatisch sie sich um die Besucher ihrer Sprechstunde kümmere und dass sie doch nur das Beste für sie wolle. Sie war nicht davon abzubringen, »so jemandem« vor großem Unglück zu bewahren. Erst als ich sie fragte, ob sie auch einem Akademikerkind von einem Studium an ihrer Hochschule abgeraten hätte, kam sie etwas ins Stocken. Sie bot daraufhin an, Silke noch einmal zu beraten, die jedoch nach diesem Erlebnis mit dieser Hochschule nichts mehr zu tun haben wollte. Sie musste sich erst mal sammeln. Zum Glück ließ sich Silke nicht von ihrem Studienwunsch abbringen und begann zu studieren, allerdings ohne vorher eine Studienberatung zu konsultieren und in einem Bundesland ohne Studiengebühren.

Neben der Studienberatung sind die Berufsberater der Bundesagentur für Arbeit eine wichtige Anlaufstelle für Schulabgänger, insbesondere weil sie es flächendeckend schaffen, mit nahezu jedem Schüler in Kontakt zu kommen. Leider ist auch bei ihnen zu beobachten, dass sie Abiturienten, deren Eltern nicht studiert haben und die unsicher sind, ob sie zur Uni gehen oder eine Lehre beginnen sollen, häufig zur vermeintlich sicheren Ausbildung raten. Dies liegt wahrscheinlich auch daran, dass sie Experten in diesem Bereich sind und nicht umfassend übers Studieren an sich informiert sind. Zudem besteht ihre Aufgabe ja auch darin, Lehrstellen und Arbeitsplätze zu vermitteln.
  Nach einer Podiumsdiskussion, in der ich meinen Unmut darüber geäußert hatte, dass unserer Zielgruppe in den Ar-

beitsagenturen vielfach vom Studium abgeraten wird, kam eine Dame auf mich zu, die als Berufsberaterin bei der Arbeitsagentur tätig war. Sie erklärte mir, dass dies mit einer falschen Anreizstruktur zusammenhinge. Die Berater stünden unter großem Erfolgsdruck und müssten nun mal dafür sorgen, dass junge Menschen Arbeit finden und Jobs vergeben werden, wobei sich ein Abiturient natürlich leichter vermitteln ließe als ein Real- oder Hauptschüler. Wenn die Abiturienten jedoch im Anschluss an die Beratung ein Studium begönnen, hätten die Berufsberater gar nichts davon.

Bevor Silke an die Hochschule wechselte, hatte sie sich mit einer Freundin aus akademischem Elternhaus an einen Berater der Arbeitsagentur gewandt. Ihm berichtete sie von ihrer Unsicherheit und ihren Zweifeln, aber auch von ihrem Wunsch zu studieren, woraufhin dieser erwiderte: »Was mit Sprachen zu studieren ermöglicht Ihnen doch keine Berufschancen. Machen Sie mal lieber eine Ausbildung wie ihre Eltern!« Silkes Freundin machte dem Mitarbeiter dagegen sehr schnell und sehr überzeugend klar, dass sie studieren wolle wie ihre Eltern, allerdings sei sie noch etwas unentschlossen, für welches Fach sie sich entscheiden solle. Widerspruch erfolgte in ihrem Fall nicht. Silke hingegen wurde in den nächsten Wochen immer wieder Informationsmaterial über Ausbildungsplätze zugeschickt verbunden mit der dringenden Aufforderung, Kontakt aufzunehmen, um sich auf eine Stelle zu bewerben.

Schüler und Studierende haben mir oft berichtet, in der Arbeitsagentur habe man ihnen erzählt, die Berufsaussichten für Akademiker seien sehr schlecht. Von Uniabsolventen hingegen habe ich Gegenteiliges gehört – um sie und ihre berufliche Zukunft würde man sich am wenigsten sorgen, zudem laufe die Beratung auch ganz anders ab als bei Arbeitssuchenden, die nicht studiert haben. Meinem Verständnis nach steht dies jedoch im Widerspruch zu dem, wozu man Schülern rät, nämlich dass eine Lehre die sicherste Option sei. Ich sage noch mal, dass ich die betriebliche Ausbildung für Abiturienten nicht als Möglichkeit ausschließe. Aber ich möchte, dass jeder die Wahl hat, dass sich jeder frei entscheidet und dass insbesondere Nicht-Akademikerkindern gegenüber die Ausbildung nicht als einzig mögliche Option aufgezeigt wird, während das Studium nur der Vollständigkeit halber genannt wird. Ich habe festgestellt, dass in Schulen – nicht nur in Haupt- und Realschulen – viel intensiver über Ausbildungsmöglichkeiten informiert wird, als über Wege zum Abitur oder zum Studium. Dabei werde ich auf Veranstaltungen von Lehrern, Studienoder Berufsberatern immer etwas skeptisch gefragt, ob wir tatsächlich allen zum Studium raten, denn wir könnten sie ja nicht alle unterstützen. Ihnen entgegne ich dann immer: »Doch, natürlich. Wenn jemand zu uns kommt und studieren möchte, dann helfen wir ihm selbstverständlich dabei! Und wenn er uns um Unterstützung bittet, beweist er ja schon einen ziemlich großen Willen und hat bereits Initiative ergriffen!« Dann heißt es meist: »Aber es sind doch nicht alle für's Studium gemacht!« Darauf erwidere ich, dass jeder, der Abitur oder eine andere Hochschulzugangsberechtigung hat, auch studieren kann, was mit der Begründung infrage gestellt wird, dass nicht alle ein Studium schaffen können. Daraufhin wird häufig argumentiert, man müsse doch eine Auswahl treffen, sie würden doch hinterher alle wieder in die Beratung zurückkommen, weil sie scheitern. Ich räume dann ein, dass es bei dem einen oder anderen der Fall sein mag, was man aber im Vorhinein nicht wissen könne. Jeder mit Abitur habe das Recht zu studieren. Bei den Akademikerkindern, die sich nicht beraten lassen, bestimme ja auch niemand darüber, wer von ihnen studieren dürfe und wer nicht. Folgende Entgegnung werde ich in diesem Zusammenhang nie vergessen: »Doch, man sieht doch schon, wenn die durch die Tür kommen, ob die es packen oder nicht!«

Des Weiteren beobachte ich immer häufiger, dass vielen Studienberatern und Hochschullehrern das Abitur als Entscheidungskriterium nicht mehr ausreicht, wer studieren sollte und wer nicht. Sie rufen nach weiteren Instanzen, um darüber letztlich zu bestimmen. In der Regel führt dies jedoch dazu, dass vor allem Nicht-Akademikerkindern kommuniziert wird, sie sollten besser nicht studieren oder sie könnten es nicht schaffen. Ähnlich argumentiert wird regelmäßig in Bezug auf Stipendienbewerbungen: »Aber Sie können doch nicht zulassen, dass sich alle um ein Stipendium bemühen, da wählen Sie doch bestimmt aus, wen Sie unterstützen und wen nicht! Sie wissen doch sicherlich, wer eine Chance hat und wer nicht!« Daraufhin antworte ich: »Natürlich können sich alle um ein Stipendium bewerben. Wir unterstützen alle, die dies wollen. Ich würde es nie wagen zu behaupten, ich könnte einschätzen, ob jemand ein Stipendium bekommt oder nicht oder wie seine Chancen sind. Meine Erfahrung sagt mir, dass dies auch nicht vorhersagbar ist. Akademikerkinder können sich ja auch einfach frei bewerben; niemand sagt ihnen, sie hätten keine Chance und sollten es daher gar nicht erst versuchen!« Ich gebe diese Dialoge deshalb so genau und zahlreich wieder, um Ihnen zu zeigen, welch große Widersprüchlichkeiten in unserer Gesellschaft verankert sind. Sie führen letztlich dazu, dass wir die Chancen auf Bildung und Förderung von Nicht-Akademikerkindern begrenzen und dazu tendieren, ihnen angeblich zu ihrem eigenen Schutz Informationen und Optionen vorzuenthalten. Wenn wir sie zum Studium ermutigen und sie dabei unterstützen möchten, dann sollten wir diese widersprüchlichen Einstellungen und Verhaltensweisen genau reflektieren und verändern.

Dass sich viele Nicht-Akademikerkinder mit der Entscheidung für ein Studium auch gegen ihre Familie durchsetzen müssen und sich im schlimmsten Fall sogar dazu gezwungen sehen, den Kontakt abzubrechen, möchte ich am Beispiel von Katrin zeigen.

Sie wuchs bei ihrer alleinerziehenden Mutter in Nordrhein-Westfalen auf und wurde sehr früh eingeschult, sodass sie von Beginn an immer die Jüngste war, was ihr in ihrer gesamten Schulzeit ziemlich auf die Nerven ging. Schon in der Grundschule machte sie sich gut, stand in allen Fächern außer Sport auf Eins oder Zwei. Dennoch wollten ihre Lehrer Katrin nach der Grundschule auf die Realschule schicken, da sie fürchteten, ihre Mutter könne sie auf dem Gymnasium nicht unterstützen, weil sie damit überfordert sei. Aufgrund der guten Noten waren sie jedoch gezwungen, Katrin eine Gymnasialempfehlung auszustellen. Ihre Mutter bestand auch darauf, sie auf dem Gymnasium anzumelden. In der siebten Klasse hatten die Lehrer Sorge, Latein sei für Katrin zu schwierig, und rieten ihr zu Französisch, obwohl sie in allen Fächern bislang sehr gut war. Katrins Verwandten sehen das ebenso und waren äußerst skeptisch. Doch Katrin wollte es ihnen zeigen, wählte Latein, schrieb sehr gute Noten und entschied sich in der neunten Klasse für Französisch als dritte Fremdsprache. Ihre Großeltern wurden zu ihren größten Unterstützern. Als sie dann ein Einser-Abitur machte, waren natürlich alle plötzlich sehr stolz. Gezweifelt hatten sie aber alle daran – trotz ihrer guten Zensuren.

Anders als ihre Mitschüler setzte sich Katrin schon in der Oberstufe sehr früh und intensiv mit der Frage auseinander, wie es nach dem Abitur weitergehen sollte. Denn sie hatte große Angst, nach der Schule ohne alles dazustehen – ohne Ausbildungs- oder Studienplatz. Sie wollte eigentlich Medizin studieren, befürchtete aber, keinen Studienplatz zu bekommen. Außerdem wollte ihre Mutter, die Hartz IV empfing, dass sie eine Ausbildung macht, damit Katrin finanziell abgesichert ist und sich keine Sorgen um ihr Auskommen mehr machen muss. Einer ihrer Lehrer hatte freiwillig die Beratung für die Berufs- und Studienorientierung übernommen. »Der war wirklich sehr nett und wohlwollend, aber er hat einfach allen pauschal empfohlen, Ingenieurwissenschaften zu studieren, weil das die Zukunft sei«, erzählt Katrin. Danach, was die angehenden Abiturienten interessierte und was sie machen wollten, hatte er nicht gefragt. Neben dem Studium der Ingenieurwissenschaften riet er Katrin, eine Ausbildung zur Sanitäterin zu machen, wenn es mit dem Medizinstudium nicht klappen sollte.

Daraufhin bewarb sich Katrin nahezu panisch bei 16 Krankenpflegeschulen. Heute amüsiert sie sich darüber, denn sie hatte sich, ohne überhaupt zu wissen, ob sie einen Studienplatz bekommen würde oder nicht, viel zu früh darum bemüht. Drei Stellen bekam sie relativ schnell zugesagt, die anderen reagierten erst sehr viel später. Katrin entschied sich bald für einen der Anbieter, unterschrieb einen Ausbildungsvertrag, damit sie etwas Sicheres in der Hand hatte. Ihre Mutter freute sich darüber sehr und war erleichtert. Auch Katrin war froh darüber zu wissen, wie es für sie weitergehen sollte, wollte aber eigentlich nach wie vor Medizin studieren, sodass sie sich doch noch um einen Studienplatz bewarb. Zunächst bekam sie wie befürchtet einen Ablehnungsbescheid, allerdings war sie die Fünfte auf der Nachrückliste. Sie haderte mit sich – sollte sie den Ausbildungsplatz sausen lassen und riskieren, doch noch nachzurücken? Ihre Mutter würde das nicht verstehen, aber Katrin wollte doch eigentlich Medizin studieren! Sie sagte schließlich ihren Ausbildungsplatz ab und hoffte auf den ersehnten Studienplatz. Am Ende bekam sie den positiven Bescheid – zumindest aus ihrer Sicht. Katrins Mutter hingegen konnte sich nicht darüber freuen, denn für sie war es nicht nachvollziehbar, dass ihre Tochter sich gegen den sicheren Ausbildungsplatz und das sichere Einkommen entschieden hatte. Da Katrin nun BAföG bekam, fiel sie aus der Hartz-IV-Berechnung ihrer Mutter raus, weshalb deren Satz radikal gekürzt wurde, was diese nicht ertragen konnte. Es kam zum Konflikt, der schließlich eskalierte. Die Situation zu Hause hielt Katrin irgendwann nicht mehr aus, sodass sie sich ein Zimmer suchte. Bis die erste BAföG-Rate kam, hangelte sie sich so durch, erhielt einen Teil der Ersparnisse ihrer Großeltern und lieh sich Geld von Freunden.

Seit einigen Semestern studiert Katrin nun recht erfolgreich Medizin, doch seit ihrem Auszug hat sie keinen Kontakt mehr zu ihrer Mutter. Viele von ihren Freunden haben eine Ausbildung gemacht, weil sie sich ebenfalls Sorgen um die Finanzierung gemacht haben, nicht wussten, wovon sie Lebenshaltungskosten sowie die 500 Euro Studiengebühren bestreiten sollten – und während des Studiums ist es ja nahezu unmöglich, etwas zu verdienen. Katrin hat sich intensiv mit BAföG und Darlehen auseinandergesetzt, sie hat verstanden, dass sie die Förderung erst lange Zeit nach dem Studium zurückzahlen muss und dass dies wahrscheinlich auch machbar ist. Doch ihre Freunde hatten diese Informationen nicht, haben nur die Schulden und dass man kein Einkommen hat gesehen. Wenn sich Katrin ihre Abizeitung anschaut und darüber nachdenkt, was ihre Schulkollegen heute machen, denkt sie bei vielen: »Wieso ist es so gekommen? Das ist voll schade, sie hätten auch studieren können und es gepackt!« Stattdessen haben sie meist irgendeine Ausbildung angefangen. Gut, für eine Freundin ist es genau das Richtige gewesen, denn sie hat inzwischen sogar ihre Meisterin gemacht – doch für die meisten war es einfach nur darum gegangen, irgendetwas zu haben, versorgt zu sein. Aus Katrins Sicht sind viele nicht wirklich glücklich mit ihrer Wahl: »Die waren halt alle völlig auf sich allein gestellt. Wenn man nicht das Glück hat, dass die Eltern einen unterstützen oder man große Geschwister hat, ist das wirklich hart.« Diejenigen aus ihrer Schule, die eine Ausbildung gemacht haben, stammen übrigens ausnahmslos aus Nicht-Akademikerfamilien.

Ganz ähnlich ging es Carolin mit ihrer Mutter. Für sie war

Studieren noch bis kurz nach dem Abitur eigentlich keine Option gewesen. In ihrem näheren Bekannten- und Familienkreis besuchte niemand eine Hochschule und ihre Mutter hielt nicht viel von höherer Bildung, die sie mit theoretischen Diskussionen assoziierte. Mit Wissen allein könne man als alleinerziehende Mutter mit drei Kindern keine Alltagsprobleme lösen. Carolin und ihre jüngeren Geschwister halfen ihr im Haushalt und da nicht viel Geld da war, unternahm man viele Dinge, die kostenlos waren, wie zu Beispiel Wanderungen. Ihre Mitschüler gingen in dieser Zeit Freizeitaktivitäten nach wie Tennis. Für Carolin war die Universität vor allem ein Ort mit und für Menschen, die ihr fremd erschienen, Leute mit viel, viel Geld, die große Summen für Kleidung, große Autos und Häuser ausgaben und die sie als abweisend empfand. Warum sollte sie also zur Uni gehen? Zudem legte ihre Mutter ihr eine Ausbildung nahe, damit sie schnell ein eigenes Einkommen hatte und auf eigenen Füßen stand.

Als Carolins Freund, dessen Eltern Akademiker waren, ihr erzählte, dass er selbstverständlich studieren werde, war sie ein bisschen überrascht. Auch seine Fächer waren bereits klar, Geschichte und Philosophie. Daraufhin schaute sich Carolin die Internetseite seiner Wunschhochschule an. Sie fand sich darauf jedoch nicht zurecht, weil sie viele Begriffe nicht verstand: Was ist denn unter Immatrikulation und Graduiertenkolleg zu verstehen? Und was ist man überhaupt, nachdem man studiert hat? Während des Hochschulbesuchs ist man Student, schon klar, aber danach? Carolin wusste, dass man als Lehrer, Arzt, Rechtsanwalt, Biologe und Chemiker studiert haben muss, aber was ist man, wenn man Germanistik oder Philosophie studiert hat? Und welchen Beruf hat man dann? Und wo findet man Arbeit? Und erst diese unverständlichen Seminarbeschreibungen: »Theorien der Kausalität« oder »Soziale Epistemologien«. Carolin war genervt und überfordert, aber gleichzeitig auch fasziniert. Da sie bei den Eltern ihres Freundes ein- und ausging, ergriff sie die Gelegenheit und befragte sie immer wieder zum Thema Studium und über die verschiedenen Fächer. Eines Tages kam sie dann nach Hause und sagte: »Ich möchte Soziologie studieren!« Ihre Mutter reagierte völlig entgeistert: »Soziologie? Was soll denn das sein? Mach was anderes! Mach' ne Ausbildung, da isses gut, da hast du Geld. Lass das mit dem Zeug!« Carolin versuchte ihr zu erklären, warum sie sich dafür interessierte, aber ihre Mutter wollte nichts mehr davon hören. Ihre Geschwister waren darüber ebenfalls verärgert. Warum sie denn so etwas machen wolle, das würde doch nur Geld kosten und dann würde sie auch bestimmt so komisch, so von oben herab, wie Studenten halt reden, das verstehe doch niemand. So machte auch Carolin die Erfahrung, dass es nicht so einfach ist, sich für ein Studium zu entscheiden, wenn man nicht genügend Menschen kennt, die dies für sinnvoll halten. Wie Katrin zog sie daher ziemlich schnell von zu Hause aus und mit ihrem Freund zusammen, damit sie gemeinsam mit ihm ihr Studium beginnen konnte.

Aus meiner persönlichen Erfahrung und der Zusammenarbeit mit vielen ehrenamtlich Engagierten bei ArbeiterKind.de haben sich vor allem drei Gründe herauskristallisiert, die meist in Kombination und mit unterschiedlicher Gewichtung Abiturienten mit nicht-akademischem Hintergrund vom Studium abhalten. Es besteht ein großes Informationsdefizit bezüglich des Hochschulbesuchs: der Möglichkeiten insgesamt, der Studienfinanzierung und der Berufsperspektiven. Auch hier haben wir dieselbe Situation wie am Ende der Grundschulzeit, wenn sich die Frage stellt, auf welcher Schule es weitergehen soll. Jetzt werden Sie vielleicht sagen: »Das war vielleicht vor 20 Jahren so, aber heute dürfte das doch kein Problem mehr sein! Es gibt doch das Internet!« Da haben Sie natürlich recht, die wesentlichen Informationen sind theoretisch im Netz und an den Hochschulen vorhanden, doch wie wir an den Beispielen sehen, scheinen sie insbesondere die Zielgruppe der Studierenden der ersten Generation nicht zu erreichen oder zu überfordern. Studieninteressenten wissen häufig auch noch nicht, welche Uni sie besuchen möchten, sie brauchen also erst mal allgemeine Informationen. Ja, auch hierzu gibt es entsprechende Websites. Aber selbst die Recherche im Internet, die jeweiligen Seiten zu finden, zu durchsuchen, zu bewerten und nach den wichtigsten Informationen zu filtern – vor dem Hintergrund, dass einem dazu noch sämtliche Begrifflichkeiten fehlen und noch überhaupt kein Grundwissen vorhanden ist, worauf man aufbauen kann –, setzt schon eine gewisse Vertrautheit und Wissen über den akademischen Bereich voraus. Nicht wenige Eltern, die studiert haben und ihre bereits erwachsenen Kinder beim Studieneinstieg begleitet haben, bestätigen mir immer wieder, dass sie den Aufwand unterschätzt haben und sich dieses Feld mit ihren an der Hochschule erworbenen Kompetenzen auch erst erarbeiten mussten.

Häufig erleben wir auch in unseren Sprechstunden und bei unseren Stammtischen, dass Studieninteressenten zwar im In-

ternet recherchieren können, aber blockiert sind, weil sie aus
verschiedenen Gründen zweifeln, ob sie die Voraussetzungen
zum Studium auch wirklich erfüllen, ob die Eltern dem auch
zustimmen und es zulassen werden, ob sie den Hochschulbesuch auch finanzieren und inhaltlich schaffen können. Oft
sind sie auch einfach nur befangen, weil alles, was mit Uni
und Studium zusammenhängt, für sie eine fremde Welt ist,
sie viele Begriffe nicht verstehen und gar nicht wissen, wonach sie jetzt genau auf einer bestimmten Internetseite suchen
sollen. Was sind nun die nächsten Schritte, wenn ich studieren möchte?

Auch Eltern melden sich bei uns und stellen viele Fragen.
Sie sagen uns, dass sie ja möchten, dass ihr Kind studiert, und
dass sie es unterstützen wollen. Doch sie wüssten überhaupt
nicht, an wen und wohin sie sich wenden sollen. Wo können
sie all ihre Fragen und auch Ängste loswerden? Insbesondere
zu Beginn des Orientierungs- und Bewerbungsprozesses für
ein Studium gibt es keine allgemeine Anlaufstelle und vielen
ist nicht bekannt, dass es an den Hochschulen Studienbera-
tungen gibt, die man bereits als Schüler kontaktieren kann.
Als bislang einzige allgemeine Informationsmöglichkeit hat
sich die Bundesagentur für Arbeit herausgestellt. Die ist jedoch – wie wir gesehen haben – auf die Vermittlung von Aus-
bildungsplätzen spezialisiert und klärt in der Regel nicht übers
Studium auf beziehungsweise beantwortet keine Fragen zur
Studienfinanzierung.

Vor einigen Monaten war ich zu einem Vortrag in die ba-
den-württembergische Stadt Nürtingen eingeladen. Ich sollte eigentlich ArbeiterKind.de als Organisation vorstellen und

eventuell gemeinsam mit der dortigen Fachhochschule den Aufbau einer lokalen ArbeiterKind.de-Gruppe anstoßen. Nachdem ich über unser Netzwerk und das, was wir machen, berichtet hatte, war ich etwas überrascht, dass niemand Fragen stellte, was für Veranstaltungen dieser Art ungewöhnlich ist, zumal diese sehr gut besucht war. Daher fragte einer der Organisatoren verwundert ins Publikum, mit welchem Anliegen man denn gekommen sei. Daraufhin sagte ein Vater, er hätte in der Lokalzeitung gelesen, dass man übers Studium informiert werde, weswegen er mit seiner Tochter hier sei. Im Raum sah ich großes Nicken. Die anwesenden Schüler hatte ich alle für Studierende der Fachhochschule gehalten. Da ich einen ehrenamtlichen ArbeiterKind.de-Mentor aus der Nähe mitgebracht hatte und sich noch einige andere Studierende der Fachhochschule unter den Anwesenden befanden, bildeten wir spontan Kleingruppen, informierten und beantworteten sämtliche Fragen rund ums Thema Studium. Insgesamt hängten wir noch eineinhalb Stunden dran. Der Initiator des Ganzen war begeistert und erzählte mir später, dass sich ein Vater sehr herzlich bei ihm für die Veranstaltung und die erhaltenen Informationen bedankt und Tränen in den Augen gehabt hätte, als er sagte, dass er seiner Tochter ja alles ermöglichen und sie unterstützen wolle, aber einfach nicht gewusst hätte, wen er hätte fragen können. Auch an unseren Informationsständen auf Bildungsmessen erleben wir häufig Eltern, die sehr gerührt sind, wenn sie erfahren, dass wir ihre Kinder kostenlos unterstützen und ihre Ängste und Sorgen aus eigener Erfahrung kennen.

Die häufigsten Fragen, die uns von Schülern und Eltern gestellt werden, drehen sich wie in Nürtingen um das Thema

Studienfinanzierung: Was ist BAföG genau? Wer bekommt es? Wie viel bekommt man? Wann muss man es zurückzahlen? Wie kann es genau beantragt werden? Welche Alternativen gibt es, wenn man kein BAföG bekommt? Und wie ist das mit den Studiengebühren? Manche Schüler haben auch Angst, mit ihren Eltern über ihren Studienwunsch und die Finanzierung zu sprechen und entscheiden für sich selbst, dass sie ihre Eltern nicht damit belasten wollen und daher lieber eine Ausbildung machen. Wenn wir aber die Gegenfrage stellen und genauer von ihnen wissen möchten, was sie ein Studium denn eigentlich kosten würde, in welchen Bundesländern es Studiengebühren gibt und wie hoch diese sind, zucken viele mit den Schultern. Die Angst vor der Finanzierung, der Aufnahme eines Darlehens und somit dem Schuldenmachen ist so hoch, dass sie schon im Vorfeld von der genauen Auseinandersetzung abgehalten werden. Dass es eine zunehmende Anzahl von Stipendien gibt, ist weitgehend unbekannt oder wird ebenfalls kategorisch ausgeschlossen, da diese ja nur für Überflieger mit Einser-Abitur seien.

Hinsichtlich Studienfinanzierung spielen die generellen Ängste und Vorurteile von Schülern und Eltern gegenüber einem Studium eine große Rolle. Diese lassen sich nur sehr schwer entkräften, wenn in der Familie kein Vorbild vorhanden ist und niemand über Studienerfahrung verfügt. In meinem Berliner Büro hängen an den Wänden Tafeln, auf denen Besucher die Statements hinterlassen können, die sie zum Studium ermutigt beziehungsweise davon abgehalten haben. Darunter findet sich Entmutigendes wie: »Meinst du wirklich, dass du das schaffst?«, »Hast du dir da nicht zu viel vorgenommen?«, »Ja, aber das musst du dann alleine schaffen. Wir können dir nicht helfen«, »Die Note ist gut, aber nicht mit diesem Abitur«, »Was willst du denn später damit machen?«, »Du arbeitest doch später eh nur als Taxifahrer«. Das Gegenteil bewirkt haben Aussagen wie etwa: »Klar kriegst du das hin!«, »Du hast Abitur, das ist deine Hochschulzugangsberechtigung. Der Nachweis, dass du studieren kannst!«, »Die Zeit wird dein Leben bereichern!«, »Das ist eine tolle Zeit, in der du spannende Leute kennenlernst und deine Interessen verfolgen und vertiefen kannst. Und dabei kriegst du richtig was geschafft!« Leider überwiegt derzeit die Zahl der negativen und demotivierenden Äußerungen an den Wänden. Ich hoffe, dass sich dies schnell ändern wird.

»DANN MÜSSEN SIE HALT IHRE ELTERN VERKLAGEN.«
Der Kampf um die Studienfinanzierung

Mein Bruder und ich hatten das Glück, dass unsere Eltern uns unser Studium finanzieren konnten und auch dazu bereit waren. Von daher weiß ich nicht aus eigener Erfahrung, was es heißt, einen BAföG-Antrag zu stellen, und welche Probleme damit zusammenhängen. Ihre eigentliche Dimension kann ich erst seit ArbeiterKind.de erfassen, ihre Tragweite ist mir bis dahin verborgen geblieben. Insbesondere durch die engmaschige Betreuung einer Studentin mit sozial schwachem Hintergrund, die kurz vor ihrem Abitur meine Mentee wurde, ist mir so richtig vor Augen geführt worden, wie sehr der Studieneinstieg in Deutschland von den finanziellen Voraussetzungen des Einzelnen und seiner Familie abhängt. Denn hierzulande gehen wir davon aus – wie auch schon im zweiten Kapitel deutlich wurde –, dass die angehenden Studierenden eine Familie im Rücken haben, die sie sowohl emotional, inhaltlich als auch finanziell aktiv unterstützt. Diese Erwartungshaltung wird einem erst so richtig deutlich, wenn Sie jemanden vor sich haben, der ohne alles dasteht und von seiner Familie eher noch am Hochschulbesuch gehindert wird.

Laura – ihre Situation kenne ich am besten, sodass sie in diesem Kapitel nun die Hauptrolle spielt – schrieb mir kurz vor ihrem Abitur eine E-Mail, in der sie mir mitteilte, dass sie eigentlich studieren wolle, was aber niemand in ihrem Umfeld verstehen würde, weder ihre Familie noch ihre Freunde, und dass ihr alle davon abraten würden. Daraufhin rief ich sie an, machte ihr Mut und gemeinsam begannen wir, ihren Studieneinstieg zu planen. Laura stand völlig allein da, ohne finanzielle Rückendeckung, mit ein bisschen Erspartem von kleineren Jobs, die sie neben der Schule hatte. Um sicherzugehen, dass sie auch einen Studienplatz bekommen würde, musste sie sich zunächst bei mehreren Hochschulen bewerben und die erforderlichen Unterlagen einschicken. Die damit einhergehenden finanziellen Aufwendungen sind nicht unerheblich, es fallen Kosten an fürs Kopieren und Porto sowie für die Beglaubigung des Abiturzeugnisses.

Einige Zeit später bekam Laura mehrere Studienplätze angeboten, allerdings war der zeitliche Abstand sehr groß, sodass sie sich für eine Uni entscheiden musste, ohne von allen Hochschulen den Bescheid erhalten zu haben. Sie wählte einen Studienplatz in Ostdeutschland, unter anderem auch aufgrund der verhältnismäßig niedrigen Lebenshaltungskosten und Semesterbeiträge und weil dort keine Studiengebühren erhoben werden. Nun wurde sie gebeten, zur Hochschule zu kommen, um sich dort einzuschreiben. So ist der übliche Weg, aber Laura rief mich an und fragte: »Katja, wie soll ich denn die Fahrtkosten bezahlen und übernachten muss ich dort auch, das klappt zeitlich nicht mit Hin- und Rückweg an einem Tag.« Glücklicherweise hatten wir schon eine lokale Gruppe vor Ort, sodass wir Laura bei einer Mentorin unterbringen konnten. Da ich bereits in dieser Zeit in Sachen ArbeiterKind.de ständig in ganz Deutschland unterwegs war, hatte ich genügend Bahn-Bonus-Punkte für eine Freifahrt gesammelt, die ich ihr schenkte.

Kaum war Laura von der Einschreibung zurückgekehrt, lag ihr erneut ein Schreiben von der Uni vor. Sie möchte doch bitte zum Einstufungssprachtest kommen. Wieder fielen Fahrtkosten und Übernachtung an. Und dann stand ja noch die Suche nach einem WG-Zimmer oder einem Zimmer im Studentenwohnheim an. Auch dafür musste Laura noch einmal zu ihrem zukünftigen Hochschulort fahren und dort übernachten. In der Zeit musste sie sich schließlich auch noch verpflegen. Parallel – wenige Wochen später sollte das Studium beginnen – musste Laura den vollständigen Semesterbeitrag zahlen, der an ihrer Hochschule damals 60 Euro betrug. Nur zum Vergleich: Bei vielen anderen Universitäten liegt er, das Semesterticket eingeschlossen, bereits bei über 200 Euro im Semester. Für einen Platz im Studentenwohnheim oder ein WG-Zimmer muss eine Kaution hinterlegt werden und die erste Miete will natürlich auch bezahlt werden. Schließlich steht der Umzug an, wenn man nicht im Heimatort studiert und zu Hause wohnen bleibt.

Wie zieht man eigentlich um, wenn man keine Eltern hat, die einem mit ihrem Wagen behilflich sind, und die Freunde kein Auto haben? Wenn man neu in der Stadt ist, den Unialltag noch gar nicht kennt, man von der Suche und dem Bezug des ersten eigenen Zimmers noch ganz geschafft ist und sein Studium organisieren soll, ist es nahezu unmöglich, sofort einen Job zu finden. Abgesehen davon, dass es Bachelor- und Master-Studiengänge durch die dichten Lehrpläne sehr schwierig machen, nebenbei etwas Geld zu verdienen.

Das Wintersemester fängt bereits im Oktober an, doch das erste BAföG kommt nicht selten erst im Dezember. Wie sollte sich Laura über drei Monate durchhangeln, wovon sollte sie die Miete zahlen und all die anderen Kosten bestreiten? Es gelang ihr, bei den Tickets für Bus und Bahn zu sparen, indem sie zu Fuß ging, außerdem konnte sie auch beim Essen etwas auf die Seite legen. Sie hatte schon im Vorfeld befürchtet, dass es mit dem BAföG Probleme geben würde, sodass sie möglicherweise auch noch im Dezember keine Unterstützung erhalten könnte. Ihre getrennt lebenden Eltern, zu denen Laura keinen Kontakt mehr hat, mussten Formulare ausfüllen und Angaben zu ihrem Einkommen machen, damit ihre Tochter BAföG bekommt. Warum sollten sie das tun? Zwischen ihnen bestand keine Verbindung mehr, sie hielten nichts von Lauras Studienplänen und sie dabei finanziell unterstützen wollten sie erst recht nicht.

Laura schickte die Unterlagen an ihre Eltern. Die Mutter sendete diese erfreulicherweise ausgefüllt zurück, von ihrem Vater kam wie erwartet keine Antwort. Laura ging zum BAföG-Amt, um die Situation zu erklären. Die dortige Sachbearbeiterin konnte aber nicht nachvollziehen, dass Laura keinen Kontakt mehr zu ihren Eltern hat, und legte ihr nahe, sich doch noch mal mit ihrem Vater in Verbindung zu setzen, sich mit ihm zu versöhnen und ihn zu bitten, der Aufforderung nachzukommen. Schließlich fragte sie Laura noch, ob sie jemals Drogen genommen habe und ob deshalb der Kontakt abgebrochen sei. Es war nicht das erste Mal, dass man ihr unterstellte, die Funkstille sei ihr Verschulden. Zudem hatte man sie schon häufiger gefragt, ob sie Drogen nähme. Laura trinkt und raucht nicht, illegale Substanzen nimmt sie schon mal gar nicht, denn sie hat in ihrem Umfeld erlebt, wohin das führen kann. Immer wieder wurde sie sowohl von Ämtern, Beratern und Bekannten mit dem idealen Familienbild konfrontiert, das es anzustreben gelte. Doch dass sie den Kontakt zu ihren Eltern abgebrochen hat, hatte gute Gründe. Insbesondere der Dame vom BAföG-Amt mit ihrem verklärten Familienideal wollte sie die nicht näher erläutern, zudem fühlte sie sich selbst mit der Situation nicht wohl und kämpfte damit, ganz allein dazustehen – vor allem dann, wenn Studienkollegen nach ihren Eltern fragten oder danach, ob sie in den Semesterferien, Ostern und Weihnachten zu ihnen fahre. Hinzu kam, dass Laura schon oft die Erfahrung gemacht hatte, dass ihr eh niemand glaubt, wenn sie ihre Beweggründe zum Abbruch des Kontakts zu ihren Eltern erläutert. Immer wieder hat man ihr gesagt, sie würde sicherlich übertreiben und so schlimm könne es doch nicht sein. Zum Glück hatten es eine Frauenberatungsstelle und das Jugendamt während ihrer Schulzeit anders gesehen und sie im Alter von 16 Jahren beim Auszug aus dem Elternhaus unterstützt. Frustriert verließ Laura das BAföG-Amt, sie fühlte sich unverstanden, allein gelassen und dachte: »Wie soll ich nun mein Studium finanzieren? Kann ich wirklich studieren oder geht das für Menschen wie mich einfach nicht? Wie dumm bin ich eigentlich, dass ich glaube, studieren zu können – ohne Geld.« Ich ermutigte sie, Druck bei der Behörde auszuüben, damit diese ihrem Vater schrieb, dass er doch bitte die erforderlichen Angaben mache. Nach längerem Hin und Her fruchteten die Bemühungen, Laura bekam eine erste Zahlung, doch es sollte bis Januar dauern. Um sich über die Zeit zu retten, verbrachte ich viel Zeit damit, sie immer wieder zu ermutigen, sie anzufeuern und ihr die Perspektive aufzuzeigen, dass das Geld kommen und dann alles besser würde.

Aus den Gesprächen mit vielen Studierenden weiß ich, dass Laura nicht die Einzige ist, bei der die Eltern erst nach mehrmaligem Auffordern die notwendigen Angaben machten. Hinzu kommt, dass viele Antragsteller aufgrund der BAFöG-Berechnung – elterlicher Besitz wie ein Haus fließt etwa darin ein, selbst wenn dieses noch nicht abbezahlt ist – keinerlei oder nur einen geringen BAFöG-Satz erhalten. In diesem Fall wird erwartet, dass Eltern einen Teil zum Unterhalt beisteuern. Die sehen sich jedoch häufig nicht in der Lage dazu oder bestimmen selbst, welchen Betrag sie für richtig halten. Selbst wenn das Geld eigentlich vorhanden ist, höre ich von Eltern: »Jetzt können wir froh sein, unser Haus abbezahlt zu haben, und jetzt sollen wir auch noch das Studium unserer Kinder finanzieren?« Andere Eltern wiederum würden ihre Kinder gerne unterstützen, sehen aber finanziell einfach keine Möglichkeit. Wenn Studierende versuchen, dies dem BAföG-Amt zu erläutern, bekommen sie den inzwischen sehr bekannten Spruch zu hören: »Dann müssen Sie halt Ihre Eltern verklagen!« Doch wer möchte das schon? Für niemanden ist dies eine realistische Option. Aus meiner Erfahrung wagen diesen Schritt wirklich nur Studierende, die überhaupt keinen Kontakt mehr zu Mutter und Vater haben und diese auch für immer abgeschrieben haben. Da gehört schon einiges dazu.

Stefanie, die ich im zweiten Kapitel schon mal erwähnt habe, wurde ebenfalls vom BAFöG-Amt vorgeschlagen, ihre Eltern zu verklagen. Diese hatten, bis ihre Tochter in die zwölfte Klasse kam, ein Einzelhandelsgeschäft, mussten aber in die Insolvenz gehen. Kurz vor Stefanies Abschlussprüfungen stand der Gerichtsvollzieher vor der Tür. Es grenzt an ein Wunder, dass sie unter diesen Umständen noch ein hervorragendes Abitur hinlegte. Das BAFöG-Amt rechnete die Insolvenz jedoch nicht an, sodass Stefanie lediglich 20 Euro im Monat bekommen sollte. Für sie brach damit eine Welt zusammen und sie weinte tagelang. Sie hatte ein sehr gutes Verhältnis zu ihren Eltern und gerade in dieser Situation mussten sie doch zusammenhalten. Also blieb ihr nichts anderes übrig, als sich ihr Studium komplett durch Jobben zu verdienen. Ihr Lohn reichte jedoch vorne und hinten nicht. Nicht selten war daher Mitte des Monats kein Geld für Essen mehr da. Schulden wollte sie nicht machen, erst recht nicht, nachdem sie die Insolvenz ihrer Eltern erlebt hatte. Sie aß lieber regelmäßig Nudeln mit Ketchup, anstatt sich bei irgendwem Geld zu leihen. Sie hatte für sich beschlossen, das allein hinzukriegen und ihren Eltern keine Sorgen zu bereiten, denn die hatten schon genug Probleme und würden nur wieder das Studium hinterfragen. Im vierten Semester konnte Stefanie dann endlich eine gute Hiwi-Stelle an der Uni ergattern, die sogar 80 Stunden im Monat umfasste. Mit diesem Halbtagsjob finanzierte sie ihr Vollzeitstudium, was sie zeitlich ganz schön unter Druck setzte.

Carolin, die ich Ihnen im letzten Kapitel vorgestellt habe, bekam immerhin BAFöG – allerdings nicht von Anfang an und nicht bis zum Studienende. Sie zog von zu Hause aus und mit ihrem Freund zusammen, um überhaupt studieren zu können. Ihr erster BAFöG-Antrag wurde sieben Monate (!) bearbeitet, weil sie wie Laura zu ihrem Vater keinen Kontakt hat und dieser nicht bereit war, Auskunft zu erteilen. Sie begann also ihre Hochschulausbildung damit, dass sie in eine Wohnung gezogen war, um studieren zu können, und dann feststellen musste, dass sie kein Geld hatte, um die Miete zu bezahlen. Folglich musste schnell ein Nebenjob her, besser zwei, um die Zeit zu überbrücken, bis das BAföG einging. Carolins erster Antrag bezog sich auf eine Dauer von sechs Monaten. Nach sieben Monaten wurde die Förderung schließlich ausbezahlt, woraufhin sie sofort wieder den nächsten Antrag stellen musste. Die erneute Wartezeit war ähnlich lang. Ihr Fazit lautet daher: »Ja, man bekommt BAföG, aber nur sehr unregelmäßig, und dann erhält man alles auf einmal.«

Um die Förderung zu beantragen, muss man eine ganze Reihe von Unterlagen zusammenstellen – und das jedes Mal aufs Neue, selbst wenn sich rein gar nichts ändert, weder der Mietvertrag noch die Heizkostenpauschale. Auch die Bescheinigung von der Bank muss wieder eingereicht, alles aktualisiert und noch mal neu ausgestellt werden. Carolin hatte in ihrem Leben noch nie viel Geld zur Verfügung gehabt, aber diese finanzielle Unsicherheit gerade am Anfang des Studiums führte zu der Einsicht, dass das Beziehen von BAföG ja ganz nett sei – vorausgesetzt, man bekommt ab und an einen Zuschuss. Aber die monatliche Mietzahlung konnte man eigentlich nicht davon abhängig machen. Folglich arbeitete sie neben dem Studium im besten Fall zwölf, aber mitunter auch bis zu 30 Stunden die Woche – ob als Nachhilfelehrerin, Putzfrau oder als Aushilfe in der Küche. Nach zwei Jahren erfuhr sie schließlich, dass es auch Unijobs für Studenten gibt. Es gelang ihr zwar, solch einen an der Infotheke in einem der PC-Räume zu bekommen, es ist jedoch generell nicht einfach, da viele Stellen, wie zum Beispiel die des Tutors, unter der Hand und oft an Studierende mit mehr Zeit und längerer Verweildauer an der Hochschule als im Fall von Carolin vergeben werden. So wurde im Rahmen einer Studie der Universität Marburg festgestellt, dass der Großteil der studentischen Hilfskräfte aus Akademikerfamilien stammt und nur sehr wenige von ihnen BAföG beziehen. Vom sechsten Semester an wurde Carolin das BAföG jedoch komplett gestrichen, da sie einen bestimmten Schein nicht vorweisen konnte. Sie wusste, dass sie diesen unbedingt braucht, versuchte mehrmals vergeblich, einen Platz in dem entsprechenden Seminar zu bekommen, dessen Teilnehmer nach dem Zufallsprinzip ausgewählt wurden. Also musste sie den Rest ihres Studiums komplett selbst finanzieren, es gab keine Möglichkeit mehr, BAföG zu erhalten.

Auch Medizinstudentin Katrin kennt die Angst davor, eine Klausur nicht zu schaffen und damit gleichzeitig den Anspruch auf BAföG zu verlieren. Wer die Förderung bekommt, muss innerhalb der Regelzeit studieren und jedes Semester Leistungsnachweise einreichen. Wer selbst an der Uni war, weiß, dass die vorgeschriebene Semesterzahl für die Mehrheit der Studierenden in der Praxis nicht einzuhalten ist. Insbesondere in Fächern, in denen die anfänglichen Klausuren hohe Durchfallquoten haben oder die Teilnehmerzahl der Seminare begrenzt ist und gelost wird, ist dies nicht machbar und damit der BAföG-Anspruch schnell verloren. Unter den vielen Arztkindern musste sich Katrin zu Beginn des Studiums ganz schön durchkämpfen und parallel immer wieder zum BAföG-Amt rennen. Die Mehrzahl ihrer Kommilitonen wusste noch nicht einmal, dass es dies überhaupt gibt und wo es sich auf dem Campus befindet, da sie von ihren Eltern finanziell unterstützt wurden.

Als Katrin in einem der ersten Semester nicht alle Scheine zusammenhatte, durch eine Klausur gefallen war und wiederholen musste, ging sie ängstlich und im festen Glauben daran, die BAföG-Berechtigung verloren zu haben, zum zuständigen BAföG-Beauftragten, der ihr bislang die erforderlichen Bestätigungen ausgestellt hatte. Sie schilderte ihm die Lage und war überrascht, als er sie ermutigend anlächelte und sagte: »Na, Sie haben es ja schon schwer genug, natürlich kriegen Sie Ihren Nachweis. Das werden Sie schon schaffen. Hauptsache, Sie verkaufen keine Pommes!« Katrin weiß, dass dieser Mann ein Glücksfall war, denn sie hatte genügend Freunde, die ihren BAföG-Anspruch aufgrund einer weniger wohlwollenden Haltung ihres Sachbearbeiters bereits verloren hatten. Sie weiß nicht, wie sie ohne BAföG weitergemacht hätte. Bei dem großen Druck und der im Medizinstudium zu bewältigenden Stoffmenge lässt sich nicht einfach nebenher jobben. Katrin kennt auch einige, die sich gar nicht erst getraut haben, zum BAföG-Beauftragten zu gehen.

Nun zurück zu Laura, die an ihrer Hochschule in Ostdeutschland von den Dozenten in Vorlesungen und Seminaren dazu aufgefordert wurde, sich zahlreiche dicke Fachbücher zu kaufen. Sie alle schienen außerdem davon auszugehen, dass alle Studierenden einen Laptop und einen Drucker besaßen. Die Texte, die gelesen werden sollten, wurden online zur Verfügung gestellt. Laura hatte jedoch keinen eigenen Computer und nutzte daher die öffentlichen Rechner an der Uni. Tagsüber hatte sie einen vollgepackten Stundenplan, sodass sie nur abends darauf zurückgreifen konnte. Der Computerraum war um diese Zeit jedoch geschlossen, das Ausdrucken Hunderter Seiten war dort auch nicht möglich. Die meisten ihrer Kommilitonen lasen die Texte abends zu Hause am Bildschirm oder druckten sie aus. Im Seminar guckte sie daher in die Ausdrucke ihrer Mitstudenten rein, was ein Dozent kritisierte. Sie wollte es ihm erklären, doch er erwiderte, er wolle keine Märchen hören. Schließlich bekam ein Student mit, dass Laura keinen Laptop hatte, und gab ihr seinen alten. Den hat sie immer noch, er stürzt zwar regelmäßig ab, aber es geht irgendwie. Neben ihr im Hörsaal sitzen viele Studenten mit den neuesten Geräten vor allem von Apple – iPhones und iPads, so weit das Auge reicht. Als ich einmal mit ihr zusammen an einer Infotheke der Uni stand, arbeitete dahinter ein Student, der das gleiche Fach studiert wie Laura, allerdings in einem höheren Semester. Anstatt auf ihre eigentliche Frage einzugehen, riet er ihr erst mal mit großer Begeisterung, welche Bücher sie sich umgehend zulegen müsse. Ich warf ein, dass es die ja auch in der Bibliothek gebe und man sie ja auch nicht immer alle wirklich brauche. Der Student war jedoch ganz anderer Meinung: »Nein, die sind ja nie da, immer ausgeliehen, die musst du dir unbedingt sofort kaufen, die sind für dein Studium total wichtig. Ohne die geht es nicht!« Ich sah, wie Laura rote Flecken im Gesicht bekam. »Nein«, sagte ich, »das muss sie nicht, das geht auch so!« Er blieb stur. Ich konnte es nicht fassen und sagte schließlich laut und bestimmt: »Es gibt auch Studierende, die sich das nicht leisten können!«, woraufhin er mich irritiert und ungläubig anstarrte.

Gerade in der ersten Zeit ihres Studiums verzichtete Laura vor allem auf regelmäßiges und gesundes Essen, um all die notwendigen Anschaffungen zu tätigen und sich die ersten Monate ohne BAföG durchhangeln zu können. Als ich endlich dahintergekommen war und sie nach dem Grund fragte, antwortete sie: »Es fällt auf, wenn man die Bücher im Seminar nicht vor sich liegen hat, aber es fällt niemandem auf, wenn man nicht in die Mensa geht.« Ich war geschockt. Einem älteren Herrn, der ihren Studieneinstieg ebenfalls mit begleitete, platzte irgendwann der Kragen. Er fuhr zu Laura, lud sie zum Essen ein, schob ihr Geld zu und sagte: »Jetzt gehst du in den Supermarkt und kaufst dir etwas Vernünftiges zu essen!« Sie wollte das Geld zunächst nicht annehmen, niemandem etwas schuldig sein und es kostete ihn längere Überzeugungsarbeit, sie schließlich doch noch dazu zu bewegen. Während sich einer ihrer Dozenten in der Vorlesung beschwerte, sein Gehalt sei so schlecht, dass er sich noch nicht einmal einen BMW leisten könne, verzichtete Laura auf Bus und Bahn und ging weite Strecken zu Fuß.

An ihrem ersten Weihnachten seit Studienbeginn war das BAföG immer noch nicht eingetroffen und ihre Stimmung auf dem Tiefpunkt. Zwischen den Jahren fuhr ich gemeinsam mit meinem Freund zu Laura, um nach dem Rechten zu schauen und sie aufzumuntern. Als wir durch die verschneite Innenstadt gingen, merkte ich auf einmal, dass ich nasse Füße bekam und sagte: »Lass' uns mal ins nächste Schuhgeschäft gehen, meine Schuhe sind nicht wasserdicht!« Daraufhin sagte Laura: »Ich hab' momentan immer nasse Füße, das ist doch normal, man gewöhnt sich dran!« Im nächsten Geschäft bat ich sie, ihre Schuhe auszuziehen und sah, dass ihre Socken klatschnass waren. »Laura, das ist nicht normal!«, sagte ich und sorgte für vernünftiges Schuhwerk. Um einen Zuschuss für Kleidung zu bekommen, suchte Laura wenig später eine Sozialberatungsstelle auf. Die zuständige Dame schaute sie jedoch nur an und sagte: »Ihre Kleidung sieht doch völlig in Ordnung aus.« Hätte Laura es mir nicht irgendwann gesagt, wäre ich auch nie darauf gekommen, dass sie nur eine einzige Jeans und nur wenige weitere Kleidungsstücke besitzt.

Sie halten dies für einen extremen Einzelfall? Das glaube ich Ihnen gern, war mir doch auch lange nicht klar, wie prekär die Lage mancher Studenten ist. Zudem sind die Betroffenen sehr talentiert darin, ihre Armut zu verbergen, was sie jedoch viel Kraft kostet. Inzwischen frage ich in unserer Community nach, wie es wirklich um das Auskommen Einzelner bestellt ist, denn ich habe einen Blick dafür entwickelt, wenn sich jemand an oder unterhalb der Armutsgrenze bewegt. Glauben Sie mir, es sind mehr Menschen, als Sie denken, denen es wie Laura geht – sogar weitaus mehr. Daher bin ich in unseren Mentorentrainings dazu übergegangen, den Teilnehmern vor der Mittagspause zu sagen, dass wir gerne mit ihnen allen zusammen essen möchten und dass uns diejenigen, die das Essen nicht bezahlen können, unbedingt ansprechen sollen, damit wir aushelfen können. Es ist immer wieder jemand dabei, von dem ich dann höre, dass sie oder er gerade noch 10 Euro für die nächsten zwei Wochen hat. Sie schämen sich dafür und sind sich natürlich des großen Unterschieds zu anderen Studierenden bewusst, die teure Kleidung tragen, die neusten Computer haben und in den Urlaub fahren. Weil sie sich so schämen, tun sie alles, um nicht aufzufallen, und fragen sich, warum die anderen so viel Geld haben und sie nicht.

Eine Geografiestudentin erzählte mir, dass sie im Rahmen ihres Studiums an zahlreichen Exkursionen teilnehmen müsste, für die sie jedoch immer selbst aufkommen müsse. Als sie einem Professor einmal sagte, dass ihr das Geld fehle, zeigte er kein Verständnis und sagte einfach nur: »Dann können Sie halt nicht studieren!«

Zwei Fachhochschulstudenten berichteten mir kürzlich, ein Professor habe in der Vorlesung gesagt, wer nebenbei arbeite und sich nicht voll auf das Studium konzentriere, würde es nicht schaffen und sollte es besser gleich sein lassen. Beide müssen nebenbei arbeiten, anders ist für sie das Studium nicht zu finanzieren.

Gerade die, die darauf angewiesen sind, sind aber häufig diejenigen, die diese Zeit dringend bräuchten, um sich auf ihre Hochschulausbildung zu konzentrieren, damit sie alle Scheine erhalten und BAföG bekommen oder ihren Abschluss überhaupt erreichen. Während die Studierenden, die finanziell von zu Hause abgesichert sind, sich voll und ganz den Einführungsveranstaltungen widmen, Kontakte knüpfen und die ersten Partys besuchen, fühlen sich diejenigen ohne finanzielle Unterstützung existenziell bedroht, rennen immer wieder zum BAföG-Amt und suchen Nebenjobs, wobei sie nicht nur den Kopf nicht frei haben, sondern auch noch einen Teil der ersten Veranstaltungen verpassen, weil sie sich um Wichtigeres kümmern müssen, weil sie zusehen müssen, wie sie über die Runden kommen. Viele bekommen auch erst durch Nachrücken einen Hochschulplatz. Die ersten ein bis zwei Wochen des Semesters sind dann bereits um, sodass es für sie noch schwieriger wird, den Einstieg zu schaffen, sowohl inhaltlich als auch finanziell. Um Studienabbrüche zu verhindern, ist jedoch besonders wichtig, dass gerade die ersten zwei Semester gut gemeistert werden. In den USA und auch in England gibt es daher an immer mehr Hochschulen eigene »First-Year Offices« und Programme, deren Ziel es ist, die sogenannte First Year Experience optimal zu gestalten, um frühe Misserfolge und Studienabbrüche zu vermeiden.

Wie Sie sehen, verbringen Studierende, die von zu Hause materiell nicht unterstützt werden, einen Großteil ihrer Hochschulausbildung damit, deren Finanzierung sicherzustellen oder sich darum Sorgen zu machen. Aus ihren Elternhäusern bringen sie eine ablehnende Haltung gegenüber Schulden mit, die sich auch auf das BAföG und dessen Inanspruchnahme überträgt. Daher müssen unsere Mentoren große Überzeugungsarbeit leisten, damit Studierende es überhaupt beantragen. Häufig kommen unsere Mentees dann auf die Idee, zwar das BAföG zu beziehen, jedoch die Hälfte des monatlichen Betrags zu sparen, da sie am Ende ihrer Ausbildung – genau genommen fünf Jahre später – 50 Prozent der empfangenen Leistungen zurückzahlen müssen. Wir rechnen ihnen dann vor, dass dies wirtschaftlich keinen Sinn ergibt, und erklären ihnen, dass sie ihr BAföG hinterher auch zurückzahlen können, weil sie dann mit sehr hoher Wahrscheinlichkeit ein gutes Gehalt beziehen werden.

Da meine Eltern eine Ausbildung bei einer Bank gemacht haben, habe ich von ihnen früh gelernt, was es bedeutet, in die Zukunft zu investieren, Zinsen zu zahlen und Zinsen zu bekommen. Das Wissen darum sowie eine langfristige Zukunftsplanung sind jedoch vielen Nicht-Akademikerfamilien fremd. Dies führt dazu, dass sie sich nicht vorstellen können, dass sich die langfristige Investition in Bildung lohnt; der Gedanke daran ist ihnen nicht vertraut, weil es insgesamt zu abstrakt ist. In meiner Familie war es immer wichtig, möglichst viel Geld zu verdienen. Das Credo: Je früher man beginnt zu arbeiten und je länger man dies tut, umso mehr Geld verdient man auch. Dass eine höhere Bildung langfristig in der Regel zu einem höheren Einkommen führt, war meinen Verwandten jedoch nicht zu vermitteln. Dabei bescheinigen zahlreiche Studien Akademikern ein höheres monatliches Durchschnitts- sowie Lebensgesamteinkommen. Laut einer Erhebung des Instituts der deutschen Wirtschaft Köln bringen einem jungen Menschen Abitur und Studium im Vergleich zu einer unqualifizierten Arbeit eine jährliche durchschnittliche Rendite von 7,5 Prozent. Die Bildungsrendite ist der Prozentsatz, mit dem sich das entgangene Einkommen während des Studiums durch ein höheres Einkommen im Anschluss daran verzinst. Darüber hinaus steigen laut besagter Studie mit dem Bildungsniveau auch die Teilnahme an Kulturveranstaltungen, sportlichen Aktivitäten, ehrenamtlichem Engagement und das Interesse an Politik sowie Gesundheit und Lebenszufriedenheit.

All dies ist jedoch Nicht-Akademikerfamilien häufig schwer zu vermitteln. Um Vater und Mutter finanziell nicht zu belasten, kein BAföG beziehen zu müssen und sichere Berufsaussichten zu haben, ist das duale Studium für viele Erststudierende sehr attraktiv. Das duale Studium kombiniert die Ausbildung in einem Unternehmen mit dem Studium, welches von dem Unternehmen finanziert wird. Allerdings verlangt es in der Regel auch kontinuierliche Höchstleistungen ab, um beides – Studium und Arbeit – unter einen Hut zu bringen und es geht mit einer anschließenden längeren Bindung an das Unternehmen einher. In der Tat ist dies für Studierende ohne finanzielle Rückendeckung eine gute Lösung, wenn man bereit ist, nach dem Bachelor mehrere Jahre für eine bestimmte Firma zu arbeiten. Kommen Studenten während der Hochschulausbildung auf den Geschmack und möchten sie eigentlich gerne sofort den Master anschließen, so ist dies nicht möglich. Darüber hinaus ist auch ein Studienaufenthalt im Ausland vor allem zeitlich schwer oder gar nicht zu organisieren.

Heutzutage ist es nahezu selbstverständlich geworden, während des Studiums auch ein oder zwei Semester an einer Hochschule im Ausland zu verbringen. Aber auch hier stellt sich ohne finanzielle familiäre Rückendeckung die Frage, woher die erforderlichen Mittel kommen sollen. Stefanie hätte ihren Hiwi-Job an der Uni aufgeben und im Ausland einen Halbtagsjob finden müssen, wofür ihr letztlich der Mut fehlte. Vielleicht hätte sie sich anders entschieden, wenn sie gewusst hätte, dass sie hätte Auslands-BAföG beantragen können, obwohl sie in Deutschland teilweise kein oder nur sehr wenig BAföG erhalten hat. Doch das Wissen über diese Fördermöglichkeit ist unter den Studierenden nicht sehr verbreitet. Das europäische Austauschprogramm ERASMUS hingegen ist schon besser bekannt, aber der Betrag, den man erhält, liegt in der Regel bei 200 Euro monatlich, sodass man auf weitere Geldgeber angewiesen ist. Ich selbst habe mit einem vergleichsweise sehr gut dotierten Stipendium des Deutschen Akademischen Austauschdienstes in den USA studiert, dennoch hätte ich es mir ohne die Unterstützung meiner Familie nicht leisten können. Erst nachdem ich die Zusage dafür erhalten hatte, erfuhr ich, dass ich eine Bürgschaft brauchte, um ein Visum zu erhalten. Meine Eltern und mich hat dies damals – Ende 2001, Anfang 2002, die Wirtschaftskrise war auf ihrem Höhepunkt – einiges an Improvisation gekostet; schließlich ist dankenswerterweise einer meiner Onkel eingesprungen. Die Summe von 600 Dollar, die ich monatlich vom DAAD bekam, war großzügig, doch dieser Betrag deckte nicht mal die horrende Miete für mein Zimmer in einer Vierer-WG in Boston. Die Studentenwohnheime waren überfüllt und die Unterbringung dort noch teurer. Und meine restlichen Lebenshaltungskosten waren ja auch noch nicht gedeckt. Einige meiner Berliner Kommilitonen haben sich daher erst gar nicht erst für einen Studienaufenthalt in den USA beworben, da sie bereits von älteren Studierenden erfahren hatten, dass die Finanzierung dessen nicht einfach zu bewerkstelligen ist. Wie Stefanie hätten sie ihre bisherigen Jobs aufgeben müssen, stattdessen in den USA gar nicht oder nur sehr wenig arbeiten können. Ich selber habe schließlich noch ein paar Dollar hinzuverdient, indem ich eine wöchentliche deutsche Diskussionsgruppe geleitet habe, was jedoch kaum der Rede wert war.

War man heutzutage während seines Studiums nicht im Ausland, wird man oft etwas ungläubig angeguckt. Eine Freundin von mir, die sich mit Mühe und Not ihren Hochschulbesuch mit BAföG finanziert hat und froh darüber war, als sie für ein paar Wochen ein bezahltes Praktikum in England gefunden hatte, fand später heraus, dass ihr die Auswahlkommission ein

Promotionsstipendium verwehrt hatte, weil sie nicht nachvollziehen konnte, dass sie nicht im Ausland studiert hatte. Die Begründung, dass sie es sich nicht hatte leisten können, wurde nicht akzeptiert. Ich selbst habe auch die Erfahrung gemacht, dass es leichter ist, ein Stipendium zu bekommen, nachdem man schon eins erhalten hat.

Neben Stipendien für Auslandsaufenthalte gibt es auch solche, die studienbegleitend sind. Ich persönlich habe davon leider erst viel zu spät erfahren, mich hinterher jedoch erfolgreich um ein Stipendium für meine Doktorarbeit beworben. Meiner Mentee Laura gab ich bereits sehr früh den Tipp, sich um Unterstützung bei einem oder zwei der zwölf staatlich finanzierten Studienförderwerke zu bemühen. Dazu zählen die parteinahen Förderwerke Konrad-Adenauer-Stiftung (CDU), die Hanns-Seidel-Stiftung (CSU), die Friedrich-Ebert-Stiftung (SPD), die Heinrich Böll-Stiftung (Die Grünen), die Friedrich-Naumann-Stiftung für die Freiheit (FDP) und die Rosa-Luxemburg-Stiftung (Die Linke) sowie die Stiftung der Deutschen Wirtschaft, die Hans-Böckler-Stiftung (Gewerkschaft), das Cusanuswerk (Katholische Kirche), das evangelische Studienwerk Villigst (Evangelische Kirche) und das Ernst-Ludwig-Ehrlich Studienwerk (jüdisches Förderwerk) sowie die Studienstiftung des deutschen Volkes. Gemeinsam fördern sie ein Prozent aller Studierenden, was zunächst nicht viel erscheint, doch es sind immerhin jährlich circa 20 000 Stipendiaten, die unterstützt werden.

Laura winkte auf meinen Vorschlag sofort ab: »Was denn für ein Stipendium? Ich kriege doch kein Stipendium. Ich habe doch kein Einser-Abitur!« Insbesondere der Großteil der

Nicht-Akademikerkinder erfährt weder während der Schul- noch in der Studienzeit von der Möglichkeit, dass man sich um Förderung bewerben kann. Und falls doch, sind sie wie ich im Studium schon viel zu weit fortgeschritten oder sie halten sich selbst trotz sehr guter Noten für »nicht gut genug«, um unterstützt zu werden. So versuchen sie nicht einmal, ein Stipendium zu bekommen. Es herrscht die Annahme vor, dass man im Abi eine 1,0 haben oder als sozial Engagierter täglich Herausragendes vollbringen muss.

Die Förderwerke haben unterschiedliche Profile. Sie sind interessiert an Studierenden, die motiviert sind, gute bis sehr gute Leistungen in Schule und Hochschule erbringen, sich engagieren und Verantwortung übernehmen. Sehr viele Stipendiaten haben »nur« einen Zweier-Notendurchschnitt, manche sogar auch einen von Drei. Sie haben jedoch in anderen Bereichen beeindruckende Leistungen vollbracht oder die Bewilligungskommission davon überzeugt, dass sie sich mithilfe des Stipendiums noch mehr auf das Studium konzentrieren und somit ihre Ergebnisse steigern werden. Verantwortung und ehrenamtliches Engagement als Voraussetzung können sehr vielfältig sein, zum Beispiel die Teilnahme an einer AG in der Schule, ein Amt in einem Sport- oder Musikverein oder die Funktion des Klassensprechers. Ein Schwerpunkt des Engagements von ArbeiterKind.de liegt darin, Schüler und Studierenden diese Stipendien vorzustellen, sie zur Bewerbung zu ermutigen und sie während des Prozesses zu unterstützen. Viele derer, die zu uns kommen, haben in der Regel noch nie einen ausführlichen Lebenslauf oder ein Motivationsschreiben verfasst und daher keine richtige Vorstellung von den erwarteten

Inhalten und Formulierungen. Ihre Eltern können ihnen dabei meist keine Hilfestellung geben. Viele Stipendiaten der Begabtenförderwerke engagieren sich daher als Mentoren bei ArbeiterKind.de und berichten den Schülern etwa in Informationsveranstaltungen, wie sie zu einem Stipendium gekommen sind, was es genau bedeutet, und haben somit eine Vorbildfunktion.

Derzeit stehen die Chancen für unsere Zielgruppe, unterstützt zu werden, sehr gut. Denn eine vom Bundesministerium für Bildung und Forschung in Auftrag gegebene Studie ergab 2009, dass insbesondere Stipendiaten aus Nicht-Akademikerfamilien in den Förderwerken unterrepräsentiert sind, was auf manche mehr, auf andere weniger zutraf. Laut Erhebung hatten 67 Prozent mindestens einen Elternteil mit Hochschulabschluss. Jeder zweite Geförderte zählte zur Herkunftsgruppe »hoch«, lediglich jeder zehnte zu »niedrig«. Um potenzielle Stipendiaten aus Nicht-Akademikerfamilien besser zu erreichen, haben die Begabtenförderwerke inzwischen spezielle Programme und Kampagnen entwickelt.

Laura wird mittlerweile gefördert, das heißt, sie erhält finanzielle Unterstützung, die nach dem BAföG-Satz berechnet wird. Unabhängig vom Einkommen der Eltern erhält sie zusätzlich Büchergeld, das aktuell bei 150 Euro pro Monat liegt. Bei der Berechnung ihres Stipendiums hakte es jedoch wieder bei ihrem Vater, der immer noch nicht bereit war, Angaben über sein Einkommen zu machen. Ihr Betreuer beim Förderwerk zeigte sich sehr engagiert, denn die Richtlinien sehen es eigentlich nicht vor, dass man auf die Auskunft der Eltern verzichten kann. Glücklicherweise konnte schließlich über einen bürokratischen Umweg auch ohne die Angaben des Vaters eine Lösung gefunden werden. Als Laura dann persönlich beim BAföG-Amt Bescheid gab, dass sie nun ein Stipendium hat, war ihre Sachbearbeiterin überrascht und sagte: »Ach, dann stimmt es doch, dass Ihr Vater nicht bereit ist, Angaben zu machen?« Laura konnte nicht fassen, dass sie ihr all die Zeit nicht geglaubt hatte und dass es nötig gewesen war, quasi den Umweg übers Förderwerk zu nehmen.

Stipendiaten werden jedoch nicht nur finanziell, sondern auch ideell gefördert. Das heißt, sie werden inhaltlich betreut und können an Seminaren zu verschiedenen Themen teilnehmen. Auslandsaufenthalte und Praktika werden gefördert, sie können sich ein wertvolles Netzwerk aufbauen und Kontakte knüpfen zu anderen, auch ehemaligen Stipendiaten. Aus den Interviews, die ich mit Stipendiaten verschiedener Förderwerke für unsere Website geführt habe, ist mir aufgefallen, dass sie sich im weiteren Verlauf weniger zur finanziellen Unterstützung, sondern fast ausschließlich begeistert über das geäußert haben, was ihnen inhaltlich zugutekam: von Ferienakademien im In- und Ausland über Wochenendseminare zu Fachthemen bis hin zu den Aktivitäten mit der lokalen Stipendiatengruppe. Dies bestätigt meine Erfahrung, dass es gerade unserer Zielgruppe zunächst darum geht, die Existenz zu sichern. Sie sind anfangs auf das Fördergeld fixiert, das sie durch das Stipendium erhalten. Sobald die Zahlungseingänge auf ihrem Konto regelmäßig sind, fühlen sie sich abgesichert, ihr Kopf und Blick werden frei für ihre eigentlichen Interessen.

Auf Stiftungsseite besteht natürlich der Wunsch, dass es potenziellen Bewerber nicht nur um den materiellen Aspekt geht, sondern dass sie sich auch mit den jeweiligen Werten und dem

Angebot identifizieren und dies auch nutzen. Ein Teil derer, die die Bewerbungsgespräche führen und auswerten, haben schon des Öfteren durchblicken lassen, dass sie die Fixierung aufs Geld einiger Interessenten nicht nachvollziehen könnten. Ich führe dies darauf zurück, dass sie schon länger im Berufsleben stehen, selbst vielleicht nicht so große Probleme mit der Studienfinanzierung hatten oder eben ein Stipendium bekamen, das sie finanziell abgesichert hat.

Ebenso wie für die Gespräche zur Studien- und Berufsberatung gilt auch für die Auswahlgespräche, dass Nicht-Akademikerkinder mit ganz anderen Voraussetzungen, Einstellungen und Ängsten dort hineingehen. Selbstverständlich stellt ein Stipendium für alle Bewerber eine besondere Chance der Förderung dar, unabhängig von ihrem Hintergrund. Für jene, die sich nicht um die Finanzierung ihres Studiums sorgen müssen, hat eine Absage allerdings keinerlei negative Konsequenzen, ihre Hochschulausbildung ist nicht in Gefahr. Für diejenigen, auf die dies nicht zutrifft, hat ein Stipendium eine ganz andere, viel höhere Bedeutung. Die Bewilligung dessen wird von ihnen oft als Voraussetzung für ein Studium empfunden, häufig auch als einzige oder letzte Chance. So ist es kein Wunder, dass sich viele von ihnen an uns wenden, wobei sie die Entscheidung für oder gegen die Aufnahme eines Studiums zunächst von einer Förderung dieser Art abhängig machen wollen und sagen: »Ich kann nur studieren, wenn ich ein Stipendium bekomme!« In der Regel erhält man den Bescheid darüber jedoch erst kurz vor oder nach Beginn des Studiums, außerdem muss man nachweisen, dass man zur Hochschule zugelassen ist. Folglich stehen diese Bewerber unter einem sehr großen

Druck. Gleichzeitig haben sie zu Hause kein großes Selbstbewusstsein aufbauen können, können sich also nicht so gut verkaufen und treffen im Auswahlgespräch nicht selten das erste Mal auf Professoren, die mit ihnen diskutieren wollen und vor denen sie großen Respekt haben. Diese Begegnung nehmen sie als Prüfungssituation wahr, sind folglich sehr nervös, haben Angst, etwas Falsches zusagen, den Mund nicht aufzubekommen oder einen Blackout zu haben.

Ein weiteres Problem ist das ehrenamtliche Engagement. Ich selbst war seit meiner Jugend in Kirche und Vereine aktiv eingebunden, was daran lag, dass meine Eltern es mir vorgelebt und mich darin unterstützt haben. Von jemandem mit sozial schwachem Hintergrund, der nie an ehrenamtliches Engagement oder Vereinsarbeit herangeführt oder von seiner Familie dabei nicht unterstützt wurde und darüber hinaus noch mit seinen eigenen Problemen zu kämpfen hatte, sprich selbst Hilfe benötigt hätte, kann man dies aus meiner Sicht nicht erwarten. Ich sage es noch mal, der Blick für Interessen und die Energie für soziales Engagement werden erst frei, wenn man keine Existenzangst mehr hat. Andere wie Stefan oder Anna haben mit großem Kraftaufwand neben ihrem regulären Job in der Abendschule das Abitur nachgeholt. Auch von ihnen kann man nicht erwarten, dass sie sich nebenbei ehrenamtlich engagieren, es ist zeitlich einfach nicht machbar. Umso beeindruckter bin ich, wenn sich Schüler und Studierende aus finanziell schwachen Familien trotzdem sehr für andere einsetzen, nicht selten mehr als für sich selbst, was aus meiner Sicht eine besondere und vergleichsweise größere Wertschätzung erfahren sollte.

Vielfach verbreitet scheint auch die Annahme, dass Studierende mit nicht-akademischem Hintergrund nicht die notwendigen Noten mitbrächten und daher für die Begabtenförderung nicht geeignet seien. Ich kann das überhaupt nicht bestätigen, denn bei uns melden sich sehr viele Studieninteressenten mit Einser- und Zweier-Abitur. Ich sagte bereits, dass gerade Bildungsaufsteiger, die schon weit gekommen sind, extrem ehrgeizig und fleißig sind und sich und der Welt beweisen wollen, dass sie hervorragende Leistungen erbringen können. Ich habe auch ein Einser-Abitur und wurde bei der Abiturfeier für mein Engagement ausgezeichnet. Auf die Möglichkeit, sich um Stipendien zu bewerben, hat mich jedoch niemand aufmerksam gemacht. Einige unserer Mentoren haben mir erzählt, dass sie als Schüler für die Studienstiftung des deutschen Volkes vorgeschlagen worden waren und eine Einladung zum Auswahlgespräch erhalten hatten – die Lehrer informierten sie jedoch nicht darüber, sodass sie gar nicht wussten, worum es sich genau handelte, und einfach nicht zum Auswahlgespräch gingen. Erst Jahre später wurde ihnen klar, welche Chance sie verpasst hatten.

Neben den zwölf genannten Förderwerken hat das Bundesministerium für Bildung und Forschung zusätzlich das Aufstiegsstipendium für Berufstätige, die studieren möchten, ins Leben gerufen. Ganz neu ist zudem das Deutschlandstipendium in Höhe von 300 Euro monatlich, das zur Hälfte vom Bund und zur Hälfte von Unternehmen eingeworben werden soll. Die Vergabe erfolgt über die Hochschulen. Ich hoffe natürlich sehr, dass dabei auch soziale Aspekte berücksichtigt werden. Es gibt viele Studierende mit nicht-akademischem

Hintergrund, die trotz fehlender finanzieller Rückendeckung bereits Großartiges geleistet haben, was unbedingt in die Bewertung einfließen sollte. Zudem ist ein Stipendium anders als das BAföG eine Auszeichnung, für das, was man schon vorweisen kann, die das Selbstbewusstsein stärkt und die den Bewerbern die Botschaft vermittelt, dass es richtig war, sich für ein Studium zu entscheiden.

Laura hat immer noch etwas Sorge, dass ihre Noten irgendwann nicht mehr gut genug sein könnten, um bis zum Ende ihres Studiums Stipendiatin zu sein. Ich versichere ihr allerdings immer wieder, dass nicht davon auszugehen ist, dass sich ihre Leistungen stark verschlechtern werden und dass einem ein Stipendium auch nicht so schnell wieder aberkannt und gestrichen wird. Sie hat bereits an einigen Wochenendseminaren und Stipendiatentreffen teilgenommen, wovon sie immer sehr begeistert, aber auch irritiert zurückgekommen ist. Begeistert, weil sie dort Wichtiges erfahren und Bestätigung bekommen hat, irritiert, weil sie dort auf Stipendiaten trifft, die die Förderung finanziell betrachtet gar nicht nötig haben. Einmal beschwerte sich eine Doktorandin in der Runde darüber, dass sie trotz Stipendium an der Armutsgrenze lebe. Daraufhin glaubte Laura, endlich jemanden gefunden zu haben, der nachvollziehen könnte, was dies bedeutet, und der sie versteht. Daher wollte sie wissen, wie viel Geld ihr monatlich zur Verfügung stehe. »Nur 1000 Euro plus 150 Euro Büchergeld.« Laura machte das wütend und traurig, denn eine Summe in dieser Höhe wäre für sie purer Luxus, verglichen mit den 650 Euro, die sie momentan bekommt.

Vor kurzem bestand sie eine Klausur nicht und machte sich große Sorge um ihr Stipendium. Die Durchfallquote war extrem hoch, nur wenige kamen im ersten Anlauf durch. Laura fragte daraufhin einen wissenschaftlichen Mitarbeiter, ob er die Klausur mit ihr durchgehen könnte. Er erklärte sich bereit, wollte jedoch zunächst von ihr wissen, ob sie im Haupt- oder Nebenfach studiere und wie sie sich finanziere. Laura war etwas irritiert, beantwortete aber seine Frage, um dann die Klausur mit ihm durchzugehen. Weit sollten sie aber nicht kommen, denn der Mitarbeiter befand, das Stipendium würde sie doch sehr unter Leistungsdruck setzen, sie solle es lieber zurückgeben, denn die dafür erforderlichen Leistungen seien doch zu viel Stress. Außerdem sollte sie in sich gehen und überlegen, ob das Fach und das Studium generell für sie das Richtige seien. Und wäre nicht eine Ausbildung oder ein duales Studium besser für sie? Laura ist bereits im dritten Semester und hat sich bislang – die eine Klausur ausgenommen – sehr gut gemacht. Klar, es läuft mal besser, mal schlechter, wie es eben so ist. Letztlich war der Mitarbeiter nicht bereit, die Klausur mit Laura zu besprechen. Ich fand und finde es immer noch unglaublich, sodass ich dieses Vorkommnis anonym in unserer Facebook-Gruppe gepostet habe. Innerhalb kürzester Zeit wurde es zahlreich kommentiert. So schrieb jemand, ein Chemieprofessor habe vor versammelter Mannschaft zu ihm gesagt, er werde das Studium nicht schaffen: »Wo kommen wir denn da hin, wenn hier jeder ohne Abitur studieren kann?« Bei der anschließenden mündlichen Prüfung ließ er ihn durchfallen. Eine andere Userin hat Folgendes erlebt: »Mir hat auch mal einer in seiner Sprechstunde gesagt, dass ich absolut keine Fähigkeiten für das spätere Berufsfeld Geschichte besitzen würde. Einen Monat später bekam ich die Anfrage seiner Vorgesetzten, einer Professorin, für eine zu besetzende Stelle.« Wohlgemerkt, diese Aussagen kamen von Menschen, die sich davon nicht haben unterkriegen lassen – zum Glück.

Gemeinsam mit unseren Mentoren versuche ich Studieninteressenten aus Nicht-Akademikerfamilien zu vermitteln, dass es möglich ist, den Hochschulbesuch zu finanzieren. Wir informieren über BAföG, Stipendien, Kredit- und Arbeitsmöglichkeiten. Wie die Beispiele zeigen, ist die Studienfinanzierung machbar, aber sie ist und bleibt für viele ein großer Kampf und ein Risikofaktor, der ihnen während der Ausbildung sehr viel Zeit und Kraft raubt, sich auch auf die Leistung negativ auswirken und zu Studienabbrüchen führen kann. Diejenigen, die wie ich das Glück hatten, von Seiten der Eltern finanziell unterstützt zu werden, haben einen klaren Vorteil, erst recht im Zeitalter von Bachelor- und Masterstudiengängen, in der jede Stunde mehr, die man für die Klausurvorbereitung oder das Schreiben von Hausarbeiten zur Verfügung oder einfach nur für Freizeit und Schlafen hat, sich auf den Studienerfolg auswirkt. Darüber hinaus gibt es kaum Studienabschlussstipendien oder -kredite, die wir denjenigen als Perspektive aufzeigen könnten, denen das BAföG gestrichen wurde oder die aus unglücklichen Umständen weder BAföG berechtigt sind, noch von ihren Eltern unterstützt werden. Auch die Unterstützung von Studierenden über 30 Jahre gestaltet sich als schwierig, da sie in den meisten Fällen keinen Anspruch auf BAföG haben und kaum Stipendien für diese Altersgruppe zur Verfügung stehen. Ich halte es daher für dringend notwendig, die Palette der Möglichkeiten zur Studienfinanzierung zu erweitern und somit die Abhängigkeit von Eltern zu vermindern. Darüber hinaus sollte an Hochschulen ein größeres Bewusstsein für die sehr unterschiedliche Finanzkraft der Studierenden entwickelt werden und bedarfsgerechte Unterstützungsangebote gemacht werden.

»ZU HAUSE MUSS ICH MICH RECHTFERTIGEN UND IN DER UNI FÜHLE ICH MICH VERLOREN.«
Wie sich Nicht-Akademikerkinder zwischen zwei Welten bewegen

Regelmäßig wurden mein Bruder und ich während unserer gesamten Hochschulausbildung im Verwandten- und Bekanntenkreis kritisch auf unser Studium angesprochen, insbesondere auf unsere Fächerwahl: »Was wird man denn damit hinterher – Taxifahrer?«, »Und was bist du dann von Beruf, du musst doch hinterher etwas von Beruf sein! Guck' mal, dein Vater ist Bankkaufmann, und was bist du dann?«, »Was verdient man dann?«, »Wann bist du denn endlich fertig mit dem Studium?«, »Da kann man doch hinterher nichts mit anfangen!«, »Hättest du denn nicht wenigstens auf Lehramt studieren können?« Auch unsere Eltern wurden häufig gefragt, was wir denn genau machten und was aus uns eigentlich werden würde. Mit BWL war Marc zunächst noch relativ fein raus, als er dann jedoch auf die Idee kam, Philosophie als sein erstes Hauptfach zu wählen, konnte das niemand nachvollziehen. Bereits während der Schulzeit hatte er zudem großen Gefallen an Fremdwörtern entwickelt, sodass er während seines Studiums noch regelmäßiger zu hören bekam, er solle doch mal Deutsch reden. Bei mir waren mit meinem Hauptfach Nordamerikastudien eh schon Hopfen und Malz verloren – was sollte nur aus mir werden?

Mittlerweile kann ich darüber schmunzeln, doch gerade zu

Beginn und in schwierigeren Zeiten meines Studiums hatte ich das Gefühl, mich ständig verteidigen zu müssen, weil ich so etwas äußerst Ungewöhnliches tat wie studieren und dann auch noch in Berlin. Ich empfand diese Diskussionen, dieses endlose Erklären, Nachfragen und Rechtfertigen bisweilen als sehr anstrengend und war teilweise echt genervt. Schließlich war ich mir auch nicht immer sicher, ob ich das alles packen würde. Ich fiel auch mal durch eine Klausur in meinem Nebenfach BWL, war auch immer wieder von Selbstzweifeln geplagt und unsicher, ob ich hinterher einen Job finden würde und wie es überhaupt nach dem Studium weitergehen sollte. In einem Gutachten für meine Bewerbung um eine Doktorandenstelle schrieb ein Professor über mich, ich sei »die Königin des Understatements«. Doch selbst nach dem Studium hatte ich noch nicht verstanden, was er damit eigentlich genau gemeint hatte.

Heute weiß ich, dass alles – mein Befinden damals, meine eigenen Reaktionen und die meines Umfelds – darauf zurückzuführen ist, dass ich zur Spezies der Nicht-Akademikerkinder gehöre. Denn so wie meinem Bruder und mir geht es vielen anderen, die als Erste in ihrer Familie studieren: Sie hören in ihren Familien dasselbe, ihre Erlebnisse an der Hochschule überschneiden sich mit meinen sehr stark und wir denken über vieles ganz ähnlich – selbst zum Start der Initiative hätte ich nicht mit so viel Übereinstimmung gerechnet. Alle sind mit einem mehr oder weniger geringen Selbstbewusstsein ausgestattet, sie schätzen die Qualität der eigenen Leistung als äußerst gering ein, sie neigen dazu, sich als nicht gut genug zu empfinden und pflegen sich in der Regel unter Wert zu verkaufen.

Durch mein Studium habe ich einerseits andere Ausdrucks- und Denkweisen kennengelernt, diese zum Teil angenommen und mich damit von meiner Familie entfernt. Andererseits fühle ich mich in der akademischen Sprache, der Art zu denken und der Hochschul-Welt bis heute nicht wirklich zu Hause. Dies hat dazu geführt, dass ich insbesondere während des Studiums das Gefühl hatte, immer anders zu sein als alle anderen – der Familie nicht mehr richtig zugehörig, weil ich studierte, meinem Uniumfeld – vor allem meinen Kommilitonen – nicht verbunden, weil meine Eltern nicht studiert hatten. Mit ArbeiterKind.de wollte ich daher angehenden Studierenden und Akademikern der ersten Generation eine Heimat geben, in der sie sich aufgehoben, verstanden, akzeptiert und somit zugehörig fühlen. Denn gerade zu Beginn des Studiums fühlen »wir« uns aufgrund mangelnder familiärer Unterstützung – sei es emotionaler und/oder finanzieller Art – sowie der fehlenden Vertrautheit mit dem Komplex aus Hochschule und Studium mit der systemeigenen Sprache und dem damit verbundenen Umgang insgesamt, unseren Selbstzweifeln und Zukunftsängsten häufig verloren. Vielen Studierenden und Akademikern wird auch erst durch ArbeiterKind.de bewusst, dass es nicht ihre persönliche Unzulänglichkeit ist, die dazu führt, dass sie in ihrer Familie nicht verstanden werden und sich an der Uni fremd fühlen. Sie haben sich aufgemacht in eine andere, in eine akademische Welt, die Eltern oder auch Geschwistern vollkommen unbekannt ist und der diese nicht selten ablehnend gegenüberstehen. Dort wird eine andere Sprache gesprochen, es gelten andere Spielregeln und insbesondere ein ganz eigenes Wertesystem.

Sandra wird den Tag ihrer Einschreibung niemals vergessen. In Begleitung eines guten Freundes hatte sie sich auf den Weg nach Koblenz gemacht, doch als sie das Hochschulgelände erblickte, fing sie plötzlich an zu weinen. Sie musste erst mal kurz umkehren, denn sie hatte plötzlich Skrupel. Mit der mentalen Unterstützung ihres Freundes arbeitete sie sich dann langsam zur Eingangstür vor. Währenddessen dachte sie immer wieder: »Ich gehöre hier nicht her! Ich gehöre hier nicht her! Ich kann hier nicht rein!«, was sie auch ihrem Begleiter sagte. Die große Ehrfurcht vor altehrwürdigen Universitätsgebäuden und Professoren sowie die Angst, den Hochschulcampus zu betreten, erleben viele Nicht-Akademikerkinder.

Speziell Sandra wurde während ihres gesamten Studiums das Gefühl nicht los, dass alle ihr ansehen, woher sie kommt, und dass jeder annimmt, sie hätte an der Uni eigentlich nichts zu suchen. Inzwischen arbeitet sie, doch die Angst ihrer Familie, nach unten abzurutschen und irgendwann auf der Parkbank zu landen, hat sich ihr eingebrannt. Ihren Eltern war auch immer wichtig, dass Sandra ganz schnell Geld verdient, bloß nicht noch einen Master nach dem Bachelor machen. Erst als ihre Tochter ihren ersten Job hatte und Geld verdiente, waren sie beruhigt.

Von der großen Angst, abzurutschen und auf der Parkbank zu landen, haben mir schon viele Mentoren unseres Netzwerks erzählt. Häufig gehört habe ich auch, dass einige von ihnen in schwierigen Situationen und Momenten starken Zweifelns vor einem Supermarkt der einschlägig bekannten Ketten stehenbleiben und sich fragen, ob sie nicht doch lieber das Studium an den Nagel hängen und sich am nächsten Tag dort bewerben sollten. Diese Reaktion tritt vor allem bei denjenigen auf, die aus einkommensschwachen Familien kommen. Sie verfügen über kein finanzielles Sicherheitsnetz, sodass Existenzängste für sie gang und gäbe sind. Da liegt es auf der Hand, dass das finanzielle Risiko eines Studiums als hoch und die eigenen Erfolgschancen als gering eingestuft werden.

Selbstverständlich gibt es auch unter Studierenden und Akademikern der ersten Generation viele verschiedene Typen und man kann sie nicht alle über einen Kamm scheren. Umso mehr erstaunt es mich, dass sich die Gesprächsthemen sowie die bei unseren Stammtischen, Mentorentrainings oder Treffen berichteten Anekdoten und Probleme so stark ähneln. Die inhaltlichen Überschneidungen, die ich feststelle, sind ungemein zahlreich. Darüber hinaus gibt es auch eine Reihe von Merkmalen und Verhaltensweisen, die wir alle gemeinsam haben. Da gibt es solche, die sich besonders stark entwurzelt fühlen, weil sowohl der Umgang mit der Familie als auch der mit dem Freundeskreis auf einmal anders, irgendwie befremdlich ist. Daneben hat man jene, die immer denken, sie müssten alles alleine schaffen. Ihnen fällt es besonders schwer einzusehen, dass andere in derselben Lage auch Hilfe in Anspruch nehmen, auf andere zurückgreifen. Sie kostet es von allen am meisten Überwindung, offen über ihre Probleme zu sprechen und um Unterstützung zu bitten. Viele tun dies auch nicht, weil sie sich schämen. Dann gibt es noch die Bescheidenen, die immer denken, ihnen stehe der Hochschulabschluss nicht zu. Sie zweifeln besonders stark an sich selbst, halten sich für nicht gut genug. Bei manchen von ihnen kommen auch ausgeprägte Versagensängste hinzu. Man trifft auch noch auf solche, die aus Wut und Trotz einen unheimlichen Kampfgeist entwickeln und sich sagen: »Jetzt erst recht!« Und schließlich gibt es noch die eher kleine Gruppe jener, die Selbstvertrauen haben und meinen, ein Studium in jedem Fall zu schaffen, und einfach mehr wollen, als von ihnen erwartet wird. Häufig kommen natürlich mehrere dieser Haltungen und Eigenschaften mit unterschiedlicher Gewichtung zusammen.

Katrin hat keine guten Erinnerungen an das erste Semester ihres Medizinstudiums. Sie war orientierungslos und fühlte sich völlig fehl am Platz. Den Vorlesungen und Seminaren zu folgen, alles zu verstehen und »richtig zu machen« fiel ihr trotz Einser-Abitur schwer. Ihr fehlte es an grundlegenden Informationen von Seiten der Dozenten, die ihr die Orientierung erleichtert hätten. So bestand sie eine der ersten Klausuren nicht, weil sie gedacht hatte, der Besuch der Vorlesung würde genügen und es sei nicht erforderlich, dass sie sich den restlichen Stoff zu Hause selbst beibringt. In der Schule hatte es gereicht, die Hausaufgaben zu machen, mehr musste sie nicht tun. Katrin hatte den Eindruck, alle Kommilitonen kämen aus Arztfamilien und dass sie im Gegensatz zu ihr keine Probleme hätten, weil Papa und Mama alles zu wissen schienen. Und natürlich hatten sie auch schon während der Schulzeit oder nach dem Abi die coolsten Praktika absolviert. Katrin fand einfach keinen Anschluss, sie fühlte sich immer als die Blöde, die von nichts eine Ahnung hatte. Bei ihr entstand das starke Gefühl, die anderen Studenten würden sie nicht verstehen und sie auch nicht ernst nehmen. Doch wenn sie am

Wochenende mit ihrem alten Freundeskreis zusammenkam und sie ihre Sorgen loswerden wollte, hörte sie nur: »Aber du wolltest doch studieren! Warum jammerst du jetzt?« Katrin fühlte sich von allen unverstanden und sehr allein. Dass ihr Freundeskreis ihre Probleme nicht nachvollziehen konnte, lag daran, dass niemand außer ihr studierte. Erschwerend hinzu kam das Gefühl, in ihrem Semester als Einzige im Stoff hinterherzuhängen. Woran lag es, dass die anderen immer alles hinbekamen? So verlor Katrin immer mehr die Lust am Studium, sie traute sich nichts mehr zu und entwickelte einen richtigen Hass auf die Uni. Ähnlich wie Sandra anfangs dachte sie: »Ich gehöre hier nicht hin!« Schließlich wusste sie nicht mehr weiter und wandte sich aus lauter Hilflosigkeit an die Studienberatung der Hochschule, wo sie erst mal all ihren Frust loswerden konnte. Irgendwann fragte sie ihr Ansprechpartner dort vorsichtig, ob sie vielleicht die Erste sei, die in ihrer Familie studiere. Die Probleme, die Katrin ihm schildere, kämen ihm sehr bekannt vor, auch er sei in seiner Familie der Erste mit Hochschulabschluss gewesen. Dann machte er sie noch auf ArbeiterKind.de aufmerksam. Der Studienberater erwies sich als große Hilfe und kurz danach traf Katrin sich mit ihrer späteren ArbeiterKind.de-Mentorin, die ihr das Gefühl vermitteln konnte, nicht mehr allein zu sein. Etwas später begann sie auch selbst, sich als Mentorin für andere zu engagieren. Als sie nach dem vierten Semester das Physikum – eine Art Zwischenprüfung im Fach Medizin – noch nicht in der Tasche hatte, fühlte sie sich dennoch wie ein Obertrottel. Immerhin traf sie in den Nachschreibeklausuren einige Kommilitonen, denen es wie ihr ergangen war, die zuvor jedoch behauptet hatten, die Prüfungen bestanden zu haben. Sie saß also nicht allein im Boot. In der Zwischenzeit hatte sie sich außerhalb ihres Fachbereichs einen neuen Freundeskreis aufgebaut, doch nach und nach fand sie dann doch den einen oder anderen Medizinstudenten, der ihre Probleme teilte, diese bislang aber gut vor allen anderen verborgen hatte.

Was Katrin zusätzlich frustrierte, war, dass ihre langjährigen Freunde nach und nach ihre Ausbildung abschlossen und sie immer noch nichts in der Hand hatte. Durch das ganze Lernen hatte ihre Motivation nachgelassen, sodass ihr die Perspektive und das Ziel, als Ärztin zu arbeiten, abhanden gekommen waren. Doch das bestandene Physikum erfüllte sie mit Stolz und da Katrin inzwischen ganz gut an der Uni insgesamt klarkommt, hilft sie anderen, sich dort zurechtzufinden. Zudem kennt sie sich in Sachen BAföG bestens aus und ist für viele Ansprechpartnerin.

Katrins Gefühl, dass alle anderen immer wissen, wie alles geht, nur man selbst nicht – egal, ob fachliche Fragen, wie man eine Hausarbeit verfasst oder ein Referat vorbereitet, wie man einen Seminarplatz ergattert oder eine E-Mail an einen Professor formuliert –, ist unter Studierenden der ersten Generation weitverbreitet. Da sich bei ArbeiterKind.de erfreulicherweise auch zunehmend Mentoren aus Akademikerfamilien engagieren, kam es vor einiger Zeit bei einem Mentorentraining in Bremen zu einer interessanten Diskussion. Ein paar von denen, deren Eltern nicht studiert haben, deuteten an, dass Studierende aus Akademikerfamilien aus ihrer Sicht überhaupt keine Probleme an der Hochschule hätten. Diese fühlten sich angegriffen und entgegneten, dass es für sie sicherlich selbstverständlicher sei zu studieren und dass ihre Eltern sie unterstützten. Es sei jedoch nicht so, dass ihnen alles zufiele, sie im Studium nicht auch zu kämpfen hätten oder mal durch eine Klausur fallen würden.

Diesen Austausch und zu erfahren, wie sich diese beiden Gruppen gegenseitig wahrnehmen, habe ich als sehr wertvoll empfunden. Denn des Öfteren werde ich von Studierenden und Uniabsolventen mit akademischem Hintergrund darauf angesprochen, dass sie die Schwierigkeiten, von denen Nicht-Akademikerkinder sprechen, nicht immer nachvollziehen könnten. Sie hätten auch teilweise große Konflikte mit ihren Eltern, die in dem einen oder anderen Fall kein Verständnis dafür hätten, dass sie sich beispielsweise für ein geisteswissenschaftliches Fach entschieden hätten. Zudem stünden sie ebenfalls unter einem enormen Erwartungs- und Leistungsdruck. Auch aus meinem Freundeskreis kenne ich das und ich verstehe ihre Situation sehr gut. Bei Nicht-Akademikerkindern geht es aus meiner Sicht aber noch um etwas anderes, bei ihnen kommt eine zusätzliche Dimension hinzu. Bei Akademikerkindern wird nämlich von vornherein angenommen, dass sie studieren. Entscheiden diese sich also für eine Hochschulausbildung, erfüllen sie die Erwartungshaltung und die Ansprüche ihrer Eltern. Dabei werden sie von ihnen sowohl finanziell, emotional und soweit möglich auch inhaltlich unterstützt. Darüber hinaus verfügen sie in der Regel über ein Sicherheitsnetz. Existenzängste stellen sich bei ihnen also meist nicht ein, da sie auf die finanzielle Unterstützung ihrer Familie zählen können. Ausnahmen bestätigen die Regel. Und fallen sie mal durch eine Klausur oder brauchen sie ein Semester mehr, als ursprünglich geplant, so haben Mutter und Vater meist Verständnis dafür, weil diese aus Erfahrung wissen, was es heißt zu studieren. Daher geht die Welt für sie nicht unter.

Nicht-Akademikerkinder entsprechen in ihrer Entscheidung für ein Studium oft nicht den Erwartungen ihrer Familie. Dies setzt sie in vielen Fällen unter enormen Druck, da sie sich wie Marc und ich sowohl ihren Eltern gegenüber als auch vor sich selbst rechtfertigen müssen, dass sie die richtige Wahl getroffen haben. Entscheiden Sie sich darüber hinaus für ein Fach, dessen Name auf keinen klaren Beruf schließen lässt – wie Germanistik, Philosophie, Soziologie oder Politikwissenschaften oder in meinem Fall Nordamerikastudien –, stößt dies auf große Ablehnung und erhöht noch den Rechtfertigungsdruck. Anerkannter sind dagegen Fächer wie Ingenieurwissenschaften, Medizin oder Jura, da auf die Frage, »Was wirst du denn dann?«, ganz einfach Ingenieur, Arzt oder Rechtsanwalt geantwortet werden kann. Für Erststudierende und ihre Familie bedeutet die Aufnahme eines Studiums wie schon mehrfach beschrieben eine enorme und mit Risiken verbundene finanzielle Belastung. Selbst wenn Mutter und Vater voll und ganz hinter der Entscheidung ihres Kindes stehen, so können sie in vielen Fällen weder materiell noch inhaltlich Hilfestellung geben. Hegen sie auch noch Zweifel und haben sie Angst vor negativen Folgen, sind sie meist nicht in der Lage, ihrem Sohn oder ihrer Tochter Mut zu machen nach dem Motto: »Du schaffst das schon!« Sie selbst stellen dann das Potenzial ihrer eigenen Kinder infrage oder glauben einfach nicht daran, dass er oder sie es wirklich packt. Während es bei Nicht-Bestehen einer Klausur in einer Akademikerfamilie mit hoher Wahrscheinlichkeit heißt: »Na, dann schreibst du sie halt noch mal!«, wirft dies bei Eltern, die nicht studiert haben – und natürlich beim Studierenden selbst – zahlreiche Fragen und Ängste bezüglich der Finanzierung auf – es kann ja sein, dass das BAföG gestrichen wird. Sie fragen sich unter Umständen auch, wie realistisch es noch ist, das Studium erfolgreich abzuschließen, sodass es ganz infrage gestellt und die vermeintlich sicherere Alternative Ausbildung wieder Thema wird. Folglich wird eine nicht bestandene Prüfung in einer Nicht-Akademikerfamilie nicht selten als große Katastrophe empfunden. Ebenso ist der Wechsel eines Studienfachs gleichbedeutend einer großen Niederlage, die aufgrund der verlorenen Semester, die damit einhergehen, großen finanziellen Schaden anrichtet und den ersten Gehaltseingang auf dem Konto sowie gegebenenfalls die Rückzahlung des BAföGs weiter verzögert. Auf denen, die eh ein schwieriges Verhältnis zu ihrer Familie haben, oder die mit ihren Eltern gebrochen haben, um studieren zu können, lastet ein noch größerer Druck. Und sollten sie tatsächlich scheitern, haben sie nichts in der Hand, aber alles verloren. Akademikerfamilien stellen das Erreichen eines Hochschulabschlusses jedoch kaum infrage, sondern gehen wie selbstverständlich davon aus.

Dass jemand sein Studium aufgrund von Misserfolgen oder schlechten Noten abbricht, ist bei Studierenden mit nicht-akademischem Hintergrund wesentlich höher als bei Akademikerkindern. Diese kennen, wie schon gesagt, kaum Existenzängste und sehen daher keine Notwendigkeit, sich nach unten hin abzusichern. Sie können nach oben schauen und sich mit dem, was vor ihnen liegt, sowie Zukunftsperspektiven beschäftigen. Und welche Kompetenzen ihnen quasi in die Wiege gelegt wurden und welche Ressourcen ihnen von Hause aus zur Verfügung stehen, ist ihnen häufig nicht bewusst. Allein der zahlreiche Fremdwörter einschließende Wortschatz sowie die Fähigkeit, Information kritisch zu bewerten oder mit anderen zu diskutieren, sowie das Wissen darum, dass Probleme gelöst werden können, indem man sich den passenden Ansprechpartner sucht, die richtigen Fragen stellt und hartnäckig bleibt, haben sie wie selbstverständlich von ihren Eltern vermittelt bekommen. Selten treffe ich Akademikerkinder, die sich nicht sicher sind, ob sie überhaupt an die Hochschule gehören und ob es ihnen zusteht zu studieren. Von daher überrascht es nicht, dass sie sich dort mit einer viel größeren Selbstverständlichkeit und einem größeren Selbstbewusstsein bewegen und weniger Skrupel haben, Professoren anzusprechen, Fragen zu stellen oder sich in den Seminaren an Diskussionen zu beteiligen. Das ist es, was als akademischer Habitus bezeichnet wird. All das müssen sich Nicht-Akademikerkinder erst erschließen und aneignen, da sie das von zu Hause nicht mitbekommen haben.

So war es zum Beispiel bei Anna, einer unserer Mentees. Als sie mit einem Fachabitur von 1,0 ihr Psychologie-Studium begann, meinte sie zunächst zu wissen, was ein gutes Referat ausmacht. Doch es sollte anders kommen. Während die Leistungen ihrer Kommilitonen mit gut oder sehr gut bewertet wurden, bewegten sich ihre Noten im oberen Mittelfeld. Sie konnte sich jedoch nicht erklären, worin sich ihre Referate von denen der anderen unterschieden. Ich vermittelte ihr eine Mentorin, die ebenfalls Psychologie studiert hatte, wobei ich davon ausging, dass es eine Weile dauern würde, bis Anna sattelfest war. Doch es bedurfte nur weniger Telefonate, bis ihr klar war, worauf es ankommt. Bereits beim nächsten Referat hatte Anna sämtliche Tipps beherzt umgesetzt und erzählte mir freudestrahlend von ihrem Ergebnis – eine Eins. Der Groschen war anscheinend gefallen, denn sie brauchte keine weitere Unterstützung. Soweit ich mitbekommen habe, vermittelte ihr die Mentorin lediglich, wie die optimale Struktur eines Referats im Fach Psychologie aussieht und auf welche Aspekte besonderer Wert gelegt wird. Viele Kommilitonen von Anna haben Psychologen als Eltern, von denen sie Tipps dazu bekommen hatten. Vielen Studenten aus Nicht-Akademikerfamilien geht es wie Anna.

Carolin beispielsweise waren die inhaltlichen Anforderungen der Hausarbeiten nicht klar, die sie in Soziologie verfassen sollte. An den Seminaren hatte sie viel Freude, sie musste sich jedoch neues Wissen aneignen, worüber ihre Kommilitonen anscheinend schon verfügten. Abgesehen davon, dass sie keinen Schimmer hatte, wo sie dies erworben hatten, fiel es ihr gerade am Anfang sehr schwer, sich an Gesprächen und Diskussionen zu beteiligen. Ihr mangelte es einfach an einer präzisen Ausdrucksweise, sie kannte nicht alle Fachbegriffe und die meisten Fremdwörter musste Carolin nachschlagen. Zusammenhänge konnte sie hingegen schon erklären und einen Standpunkt verargumentieren. Noch heute wundert sie sich über Studierende aus Semestern unter ihr, für die es selbstverständlich zu sein scheint, sich über hochanspruchsvolle Texte von Foucault oder den Konstruktivismus zu unterhalten. Natürlich wusste sie von den Sprechstunden der Dozenten, doch Carolin traute sich lange Zeit nicht nachzufragen, wie sie ihr Defizit ausgleichen, das fehlende Wissen nachholen und sich die Fachsprache aneignen konnte. Sie hatte Angst, sich zu blamieren, dachte, ihre Fragen seien dumm. Manchmal konnte sie ihr Anliegen nicht mal richtig auf den Punkt bringen. Mittlerweile kommt sie besser damit zurecht. Außerdem hat Carolin festgestellt, dass die Dozenten an der Uni eigentlich auch nur Menschen sind. Vor Kurzem durfte sie sogar ein Tutorium halten, was ihr viel Bestätigung gegeben hat. Dabei hat sie gemerkt, dass sie den Stoff drauf hat, am Unialltag aktiv partizipiert und mitreden kann. Letztlich hat diese Erfahrung Carolin das Gefühl vermittelt, akzeptiert und Teil des Ganzen zu sein.

Inzwischen engagiert sie sich als Mentorin bei ArbeiterKind. de, um anderen ein Stück weit die Angst vor dem Studium zu nehmen, sich an der Uni wohler zu fühlen und sie in ihrer Entscheidung für den Hochschulbesuch dauerhaft zu bestärken. Sie hält es für das Wichtigste, sowohl für die kleinen als auch für die großen Probleme Verständnis aufzubringen, seien es Schwierigkeiten bei der Einhaltung des Zeitplans, der selbstständigen Organisation des Studiums oder Unsicherheiten, was das eigene Auftreten angeht. Das, was sie sich wünscht, sind mehr Anlaufstellen, Ansprechpartner, an die man sich unkompliziert wenden kann, wenn man Hilfe braucht oder nicht so recht weiß, wie es weitergehen soll. Diese sollten allerdings nicht unter dem eher abschreckenden Namen »psychologische Beratung« angeboten werden, denn sie sei ja nicht verrückt.

Wie hilfreich es insbesondere für Nicht-Akademikerkinder ist, wenn Anforderungen, Erwartungshaltungen und Bewertungsschemata transparent gemacht werden, habe ich selbst in der Vorbereitung auf mein Auswahlgespräch für mein USA-Stipendium erlebt. Ein Professor hatte allen eingeladenen Bewerbern angeboten, uns über das, worum es dabei gehen sollte, zu informieren. Das Gespräch begann damit, dass sich ein Teil der Kandidaten über die Elite-Unis austauschte, die sie als Erst-, Zweit oder Drittwunsch angegeben hatten. Ich hatte mich ja für eine eher unbekannte Hochschule, und zwar die Boston University entschieden, um überhaupt eine Chance auf ein Stipendium zu haben. Ich nahm an, ohnehin kein Stipendium für eine Elite-Hochschule zu bekommen.

Als dann der Professor zu sprechen begann, starrte ich ihn gebannt an und versuchte, förmlich alle Informationen in mich aufzusaugen. Zuerst ging er auf die Ivy-League-Diskussion meiner Kommilitonen ein: »Wissen Sie, eigentlich ist es für Sie gar nicht so wichtig, ob Sie an eine Elite-Uni kommen oder nicht. Auf dem Bachelor- oder Masterniveau spielt das keine so große Rolle. Ein Jahr an einer US-Uni ist immer eine tolle Erfahrung, egal, an welcher Hochschule Sie studieren. Die Einrichtungen, mit denen der DAAD kooperiert, sind alle sehr gut.« Ich war erst mal erleichtert und fühlte mich ermutigt. »Ich saß auch schon in der Auswahlkommission und Sie müssen sich vorstellen«, fuhr er fort, »dass man den ganzen Tag damit verbringt, sich einen Bewerber nach dem anderen anzuschauen. Lassen Sie sich daher nicht verunsichern, wenn die müde aussehen oder nach unten auf Ihre Unterlagen gucken, das hat nichts zu bedeuten. Geben Sie einfach Ihr

Bestes, ziehen Sie sich etwas besser an, aber so, dass Sie sich noch wohlfühlen. Bereiten Sie sich etwas vor, lesen Sie ab sofort jeden Tag die Zeitung, falls Sie es sonst nicht tun. Schauen Sie noch mal Ihre Bewerbungsunterlagen durch, überlegen Sie sich, welche Fragen Sie stellen würden, wenn Sie über die Vergabe der Stipendien entscheiden müssten.«

Die Ratschläge, die ich damals bekommen habe, habe ich bis heute behalten, sonst würde ich sie wohl auch nicht so gut wiedergeben können. Ich habe sie als sehr hilfreich empfunden, denn ich hatte nun eine gewisse Vorstellung davon, was mich erwartet, ich wusste, wie ich mich vorbereiten konnte. Erst nach Abschluss meines Studiums erfuhr ich zufällig, dass der Professor, der mich so wunderbar auf das Auswahlgespräch vorbereitet hat, ebenfalls als Erster in seiner Familie studiert hatte.

So schön es auch ist, in den Genuss eines Stipendiums zu kommen, so bedeutet es unter Umständen, erneut Anlauf zu nehmen, über seinen eigenen Schatten zu springen, da einen Neues, Unbekanntes erwartet. Stefans Freude darüber, als Stipendiat eines Begabtenförderwerks finanziell entlastet zu sein, währte zunächst nicht lang. In den Seminaren, an denen er im Rahmen dessen teilnahm, begegnete er anderen Studenten, die aus einer ganz anderen Welt zu kommen schienen als er. In ihrem Kreis fühlte er sich nicht wohl, denn sie sprachen über Dinge, mit denen er nichts anfangen konnte. Wein war beispielsweise ein beliebtes Thema, worüber sie sich in einer abgehobenen Sprache austauschten. Er gewann zunehmend den Eindruck, nicht dazuzugehören. Stefan vermisste an ihnen den Blick fürs Wesentliche, Bodenständigkeit und den Sinn fürs reale Leben. Um es kurz zu machen, das Stipendium ausgenommen sah er keine gemeinsame Schnittmenge: »Die erschienen mir immer als zu abgedreht, nicht auf dem Boden der Tatsachen, weit weg von dem, was täglich abgeht.«

Solche Reaktionen habe ich schon bei vielen Stipendiaten erlebt, die sich bei uns als Mentorinnen und Mentoren engagieren. So wunderten sich etwa die aus finanziell schwächeren Familien bei den ersten Seminaren über das aus ihrer Sicht großzügige Essen, das es dort üblicherweise gibt, und fragten sich, warum man nicht darauf verzichtet, um noch mehr Studenten zu unterstützen. Und andere wie zum Beispiel Laura sind etwas enttäuscht, dass sie bei den Seminaren selten andere Nicht-Akademikerkinder treffen, denen es ganz ähnlich geht wie ihr und die für das Stipendium mindestens so dankbar wären wie sie. Insgesamt haben Menschen wie Stefan wie schon zuvor an der Uni das Gefühl, nicht dazuzugehören, nicht dieselbe Sprache zu sprechen und sich an vielen Gesprächsthemen nicht beteiligen zu können. Sehr oft entsteht bei ihnen der Eindruck, dass das, was sie mitbringen, nichts zählt, nicht anerkannt oder erwünscht ist.

Leider tendieren wir in Deutschland dazu, den Studenten aus akademischem Elternhaus, der als Abiturient direkt vom Gymnasium auf die Hochschule wechselt, zu idealisieren, ihn als Maßstab zu nehmen. Dies führt dazu, dass wir alle anderen mit ihm vergleichen. Wenn jemand davon abweicht, liegt unser Augenmerk auf dem, was dieser in Anlehnung an den »Prototypen« nicht kann. Dabei versäumen wir jedoch, das Potenzial des vermeintlich Unterlegenen zu erkennen. Der

Fokus liegt auf dessen Defiziten, seine Kompetenzen fallen unter den Tisch und werden nicht genutzt. Eigentlich müssten sich Lehrende doch darüber freuen, dass Nicht-Akademikerkinder etwa eine andere Sichtweise mitbringen, sie sehr viel Wert auf Praxisbezüge legen oder aufgrund einer Ausbildung bereits über Berufserfahrung verfügen, aus der sie Anwendungsbeispiele parat haben und somit für Anschaulichkeit sorgen. Doch selbst an einer Fachhochschule freuen sich Professoren derzeit mehr über den klassischen Abiturienten mit Mathe-Leistungskurs als über einen ausgebildeten Mechatroniker.

Während eines Kurses am Graduiertenzentrum der Universität Gießen, wo ich meine Doktorarbeit schreibe, habe ich allerdings einmal Wertschätzung erfahren, die ich auf meine – herkunftsbedingte – Perspektive beziehungsweise meine »besonderen« Fähigkeiten zurückführe. Die Aufgabe bestand darin, das Thema seiner Dissertation in wenigen Sätzen zum einen einem wissenschaftlichen Publikum und zum anderen der eigenen Oma zu erklären. Zu meiner Überraschung bekam ich mit, wie meinen Mitdoktoranden Ersteres problemlos und wortgewandt wie immer gelang. Hingegen war ich die Einzige, die das Thema ihrer Promotionsarbeit auch ihrer Großmutter hätte näher bringen können. Ich erkläre es mir damit, dass ich jahrelange Übung darin habe, wissenschaftliche Sachverhalte meinem nicht-akademischen Freundes- und Bekanntenkreis sowie für meine Familie auf ein verständliches Niveau herunterzubrechen. Auch im Nachhinein habe ich immer wieder die Erfahrung gemacht, wie wenigen dies gelingt und wie gut es selbst bei einem fachkundigen Publikum ankommt, komplexe wissenschaftliche Zusammenhänge allgemein verständlich zu erklären.

In dem Kurs, den ich am Graduiertenzentrum in Gießen besuchte, ging es mir übrigens ganz ähnlich wie Carolin, von der ich vorhin berichtet habe. Auch ich hatte das Gefühl, dass alle anderen schon alles verstanden hatten, während ich permanent dumme Fragen stellte. Nachdem ich einmal nicht teilnehmen konnte, kam die Dozentin auf mich zu und sagte, dass meine Beiträge wirklich sehr gefehlt hätten. Generell würde ich mich immer so wunderbar beteiligen und wichtige Fragen stellen, die sich sonst keiner zu fragen traut. Sogar Mitdoktoranden aus anderen Kursen sind immer mal auf mich zugekommen und haben sich bedankt: »Danke Katja, dass du die Frage gestellt hast! Ich hatte das auch nicht verstanden, hatte aber nicht den Mut zu fragen!« Und nicht zuletzt sind ja aus mir und den zahlreichen Mitgliedern bei ArbeiterKind.de – also den Studierenden mit vermeintlichen Defiziten – wichtige Ansprechpartner für Schüler und Studierende der ersten Generation geworden. Wie so oft im Leben ist eben alles eine Frage der Perspektive.

Ein Dozent einer technischen Fachhochschule erklärte mir kürzlich, dass er es gewohnt sei, ganz unterschiedliche Zielgruppen zu unterrichten, und dass es für ihn selbstverständlich sei, sein didaktisches Konzept jeweils anzupassen: »Studierende mit Ausbildungs- und Berufserfahrung sind ganz hervorragend, wenn es darum geht, eigenständig Arbeitsgruppen zu bilden, innerhalb von zwei Stunden konzentriert eine Lösung zu erarbeiten und diese anschließend zu präsentieren.« Jeder, der bereits versucht hat, Studenten, die direkt vom Gymnasium kommen, zur schnellen Teambildung und effizienten Gruppenarbeit zu animieren, kann die Erfahrung des Dozenten bestätigen: »Bis sie die überhaupt erst mal dazu kriegen, dass sie Teams bilden ...« Die mit Berufserfahrung tendierten allerdings dazu, nach nur einer Lösung zu suchen und daneben zu wenig über den Lösungsweg nachzudenken. Daher müsse man die Zeit, die man bei der Gruppenarbeit im Vergleich zu anderen Formen des Unterrichtens eingespart habe, darauf verwenden, diesen bewusst zu machen. Von diesem Dozenten habe ich gelernt, dass wir nicht alle Studierenden in ein Lehrschema pressen können, sondern die Art der Wissensvermittlung den Lernenden anpassen und gegebenenfalls verändern müssen. Darüber hinaus sollten Hochschulen insgesamt viel stärker die Expertise und die speziellen Fähigkeiten der unterschiedlichen Studierenden beachten und nutzen, denn sie sind eine Bereicherung für alle und tragen nicht unwesentlich dazu bei, die Qualität der Lehre anzuheben und allen Absolventen zu einem besseren Abschluss zu verhelfen.

Während Erststudierende häufig um ihre Studienfinanzierung kämpfen und mit der neuen Situation erst mal zurechtkommen müssen, müssen sie insbesondere in den ersten Semestern zahlreiche frustrierende Erlebnisse wegstecken. Zudem empfinden sie bei ihren ohnehin schon hohen Ansprüchen die Anforderungen der Hochschule als besonders herausfordernd. Daher liegt es nahe, dass sie sich zumindest von den Wochenenden oder den Semesterferien erhoffen, im Kreise ihrer Familie oder bei Freunden zur Ruhe zu kommen, ihre Sorgen und Nöte loszuwerden und Anerkennung für ihre Leistung zu erfahren. Doch diese Erwartung wird oft bitter enttäuscht, denn in ihrem bislang vertrauten Umfeld stoßen sie mit ihren Ängsten und Problemen, aber auch mit ihren Erfolgen auf großes Unverständnis. Aus eigener Erfahrung weiß ich, wie schwer es zu vermitteln ist, wie es an der Hochschule überhaupt abläuft, was man als Studentin so den ganzen Tag macht, geschweige denn, womit man sich inhaltlich beschäftigt.

In unserem Netzwerk gibt es eine Gruppe mit dem Titel »Familienprobleme oder was sagen bloß die anderen dazu?«. Dort ist der Name Programm, wobei es wie bei unseren Stammtischen vor allem darum geht, dass in Nicht-Akademikerfamilien Studium und Berufe, die dies voraussetzen, wo also Kopfarbeit geleistet wird, nicht als »richtige Arbeit« gelten. So sind Reaktionen des eigenen Umfelds wie: »Die glauben ja alle, sie seien so gescheit, aber von Arbeit haben sie keine Ahnung!« oder »Du liest im Studium Bücher? Das ist doch keine Arbeit« sehr typisch. Vielmehr herrscht dort die Vorstellung vor, die Ausübung eines Berufs setze grundsätzlich körperliche Tätigkeit voraus, die nach Stunden entlohnt wird. Das heißt, mal nicht aktiv sein, Erholung, Freizeit und Urlaub werden entsprechend mit Faulenzen assoziiert. Diese Haltung wird selbstverständlich auch an die Kinder weitergegeben, sodass viele unserer Studierenden berichten, dass sie regelmäßig ein schlechtes Gewissen hätten, im Studium nicht richtig voranzukommen, weil sie ja nicht arbeiten würden, und dass sie sich keine Freizeit zugestehen.

In Melanies Umfeld war es beispielsweise immer normal, dass man gearbeitet hat. Die Möglichkeit eines Studiums wurde weder erwähnt noch als angemessen empfunden und in Erwägung gezogen. Und noch heute denkt sie immer mal wieder: »Du arbeitest ja gar nicht, mach endlich eine Ausbildung« oder »Wenn du nicht arbeitest, bist du ein fauler Mensch«. Melanie gönnte sich daher keinen Urlaub, keine Freizeit, merkte dann aber, dass sie damit nicht weiterkam, ihr Studienerfolg sogar darunter litt, da ihr der Ausgleich fehlte. Sie lernte auch Kommilitonen kennen, die ganz selbstverständlich gar nicht mehr zu Vorlesungen gingen, was sie sehr irritiert hat. Doch nach und nach begriff sie, dass es im Studium auf das Ergebnis ankommt und nicht die geleisteten Arbeitsstunden: »Es liegt in deiner Verantwortung, wie du lernen willst und kannst. Jeder muss das für sich selbst herausfinden. Und niemand wird dich loben, wenn du deine Stunden brav ableistest. Einfach niemand.« Außerdem stellte sie fest, dass Lernen Zeit braucht und ein längerer Prozess ist, doch das verstand in ihrem Umfeld niemand.

Stefanie konnte wie viele andere auch kaum mit ihren Eltern über ihr Studium sprechen. Es war einfach kein Thema. Mit ihrem Studienalltag konnte ihre Familie überhaupt nichts anfangen, sie konnte sich nicht vorstellen, was studieren bedeutet – woher auch? Die einzigen Reaktionen, die immer wieder erfolgten, waren: »Was macht man denn damit?« und »Sieh zu, dass du fertig wirst!« Bis heute schmerzt es Stefanie, dass Mutter und Vater die Leistung, die sie an der Uni erbracht hat, nicht würdigen können. Es macht sie traurig, dass sie noch nicht einmal ihre Abschlussarbeit gelesen haben. Sie war stolz auf das, was sie herausgefunden hat, ebenso wie auf ihren kürzlich veröffentlichten ersten wissenschaftlichen Artikel. Doch von ihrer Mutter hörte sie nur: »Muss ich das lesen?« Nun hat sie auch noch eine Doktorarbeit angefangen und verdient immer noch kein Geld, was ihre Mutter noch viel weniger verstehen kann. Was soll nur aus ihrer Tochter werden? Stefanie glaubt, dass sie nie so weit gekommen wäre, wenn sie nicht einen wissenschaftlichen Mitarbeiter getroffen hätte, für sie eine Art Vaterfigur, zu dem sie immer gehen kann, wenn sie ein Problem hat. Er war immer für sie da und hat sie nie im Stich gelassen, ihr Mut gemacht und ihr die Zuversicht gegeben, dass sie ihr Studium, ihren Abschluss und jetzt die Promotion schafft. Vor Kurzem hat er Stefanie motiviert, an einer Konferenz im Ausland teilzunehmen und dort einen ersten Vortrag zu halten. Sie hätte sich das niemals zugetraut. Hinzu kamen ja noch die Kosten für Reise, Unterkunft und Verpflegung. Wie sollte sie das machen? Ihr Mentor beteiligte sich an der Finanzierung, um ihr die Teilnahme zu ermöglichen.

Die Schwierigkeiten, die Studierende der ersten Generation mit ihrer Familie haben, bezeichnen Wissenschaftler als Loyalitätskonflikt. Einige Eltern haben Angst, ihre Kinder zu verlieren. Das ist darauf zurückzuführen, dass diese für ihr Studium teilweise in eine andere Stadt ziehen müssen. Eine Studentin wurde etwa von ihren Eltern gefragt: »Wie kannst du uns nur im Stich lassen bei der ganzen Arbeit im Betrieb?« Hinzu kommt, dass man mit dem Hochschulbesuch eine neue Welt betritt mit allem, was dazugehört. Dort haben sie keinen Zutritt und können somit ihre Kinder nicht unterstützen.

Zudem befürchten einige aufgrund der Fremdheit, dass ihr Sohn oder ihre Tochter so arrogant und abgehoben wird, wie all die reichen Sprösslinge, die mit ihnen studieren und ein Leben fernab ihrer Realität führen. Einige befürchten auch, dass ihr Kind eines Tages nach Hause kommt und sie ihm nicht mehr gut genug sind. Mit anderen Worten: Sie haben Angst, dass ihre Lebensleistung und ihr Bildungsweg hinterfragt und abqualifiziert werden. Darüber hinaus ist es insbesondere für Väter schwer, wenn ihr Kind am Wochenende zu Besuch ist und plötzlich mit ihm als Familienoberhaupt wortgewaltig diskutieren und alles infrage stellen möchte. Denn damit wird die Familienhierarchie indirekt auf den Kopf gestellt.

In unserem Netzwerk gibt es leider den einen oder anderen Fall, wo eine Studentin mit ihrem Vater aneinandergeraten ist, weil sie zur Uni wollte. Diese trauen ihrer Tochter den Hochschulbesuch nicht zu, insbesondere wenn es um Fächer wie Ingenieurwissenschaften geht. Einige Studentinnen hatten jedoch den Mut, sich auch gegen den Willen des Vaters einzuschreiben, andere wiederum nicht. Wenn zwei unterschiedliche Welten aufeinandertreffen, ist es schwer, gemeinsame Gesprächsthemen zu finden, was zu sehr unangenehmem Schweigen oder dazu führt, dass über das Studium einfach nicht geredet wird. Männer haben dann vielleicht den Vorteil, dass sie sich mit ihrem Vater immer noch über Fußball unterhalten können. Für nicht so Fußball interessierte Frauen wird es da sehr viel schwieriger.

Einige Studierende haben mir auch erzählt, dass sie kaum noch nach Hause fahren – selbst an Weihnachten nicht –, weil sie es nicht mehr aushalten, dass ihr Studium, ihr Leben an sich und ihre Zukunft immer wieder hinterfragt werden. Sie haben das Gefühl, dass auf ihnen permanent herumgehackt wird, sie sich immer rechtfertigen müssen. Es ist klar, dass man sich dann unverstanden fühlt und gereizt reagiert. Sie können die stetig wiederkehrenden Sprüche einfach nicht mehr hören: »Wann bist du endlich fertig?«, »Was machst du denn dann damit?«, »Wann verdienst du endlich Geld und wie viel?«, »Wir bezahlen dein Studium durch unsere Steuergelder!«, »Du bist durch eine Klausur gefallen? Ich hab' ja gleich gesagt, dass das nichts für dich ist!«, »Willst du nicht doch lieber …« oder »Hättest du nicht doch besser …«

Natürlich trifft dies nicht auf alle Familien gleichermaßen zu und selbstverständlich gibt es Eltern, die trotz dieser Sprüche das Studium ihres Kindes unterstützen. Kommentare wie diese sind Ausdruck von Angst und Sorge. Doch es kostet sehr viel Kraft und Willen – man fühlt sich angegriffen, weder an der Hochschule noch in der eigenen Familie zu Hause und verstanden, dann der ewige Rechtfertigungsdruck seitens der Eltern und der eigene Anspruch, möglichst perfekt zu sein und Optimales zu leisten. Und da man als Kind die Einstellungen und Wertvorstellungen der Familie übernommen hat, muss man sich auch noch vor sich selbst rechtfertigen, warum man ausgerechnet eine brotlose Kunst wie Literaturwissenschaft studiert. Hinzu kommen die eigene Angst und die Zweifel, hinterher keinen Job zu bekommen. Wie soll man Mutter und Vater vermitteln, dass das schon alles wird, sie sich keine Sorgen machen müssen, weil man hinterher auf jeden Fall ausreichend verdient? Warum »wir« das auf uns nehmen, wenn es doch so mühsam und anstrengend ist, wollen Sie wissen? Sie fragen sich, warum wir nicht einfach auf dem Niveau unserer Herkunftsfamilie verharren und wie sie eine Ausbildung machen? Das ist eben die Crux – wie soll man glücklich und zufrieden sein, wenn man unter seinem Potenzial bleibt, sich nicht entfaltet und ein Leben lang verbiegt?

Als ich mich auf den Weg gemacht habe, war mir nicht bewusst, welche Folgen meine Entscheidung fürs Studium für mich und meine Familie haben würde. Die Veränderungen nahm ich erst wahr, als sie eintraten. Woher sollte ich wissen, wie mein Umfeld reagiert? Woher sollte ich wissen, dass meine Eltern oder Verwandten Angst haben könnten? Wie sollte ich überhaupt erkennen, dass es sich um Ängste und Sorgen handelte, die sich hinter den Sprüchen verstecken, die mich so aufgeregt und verletzt haben? Erst nachdem man sich auf den Weg gemacht hat und irgendwann zurückblickt, merkt man, welchen Weg man tatsächlich zurückgelegt hat und wie sehr sich das, was man zurückgelassen hat, verändert hat. Dies führt zwangsläufig zu Identitätskonflikten, da man sich nirgendwo richtig zugehörig fühlt. Man erfährt weder Anerkennung, Wertschätzung oder Unterstützung für das, was man mitbringt, noch für das, was man leistet. Dabei erwerben diejenigen, die den Bildungsaufstieg schaffen, eine ganze Reihe positiver und wertvoller Kompetenzen. Das trifft vor allem auf all jene zu, die einige zeitintensive Umwege auf sich nehmen mussten wie etwa Stefan und Anna. Eigenschaften wie Eigenantrieb, Leistungsbereitschaft, Zielstrebigkeit, Ausdauer, Frustrationstoleranz, Kampfgeist und Lebenserfahrung sind es, die in besonderem Maße dadurch ausgebildet werden. Einer unserer Studierenden meinte neulich zu mir, dass er ja manchmal schon neidisch sei, dass andere immer die neuesten Laptops haben. Umso mehr amüsiere es ihn manchmal, dass diese auch ein Auto haben und nicht mal wüssten, dass sie Kfz-Steuer bezahlen müssen und keine Ahnung haben, wie man einen Reifen wechselt.

Auch mich haben in der Anfangsphase meines Studiums die vielen so wortgewandten Kommilitonen mit ihren Fremdwörtern sehr beeindruckt. Nach und nach begann ich jedoch, diese alle nachzuschauen und merkte schließlich, dass sie sich wiederholten und kaum noch Neue dazukamen. Somit verstand ich alles, was meine Mitstudenten sagten, und kam zu dem Schluss: »Das hätte man aber auch einfacher und klarer ausdrücken können.«, »So genial ist dieser Gedanke nun auch wieder nicht« oder »Na, darauf wäre ich auch gekommen!« Bei Informationsveranstaltungen, die ArbeiterKind.de an Schulen durchführt, zeigen wir daher am Schluss eine Folie, auf der steht: »Die kochen alle nur mit Wasser!«

Und obwohl ich mich in der akademischen Welt inzwischen relativ wohlfühle und parkettsicher bin, habe ich mich vor einigen Monaten über mich selbst gewundert. Ich war das erste Mal an der Uni Kassel, weil wir dort ein neues Büro eröffnet haben. Als ich das Gelände betrat, dachte ich plötzlich: »Wow, hier fühlst du dich zu Hause!« Ich berichtete einer Mitarbeiterin der Hochschule von meinem Gefühl und sie sagte lachend: »Ja, das wundert mich nicht, denn der Anteil der Erststudierenden liegt bei uns sicherlich so bei 60 Prozent und auch viele Mitarbeiter und Professoren leisten in ihrer Familie Pionierarbeit.« Im Laufe meines Besuchs stellte sie mir viele Kollegen vor, auf die dies zutraf: »Frau Schmidt, Sie sind doch auch die Erste!«, »Ja, genau!«, rief diese fröhlich zurück. Für mich war dies ein fantastischer Tag und ich dachte: »Genau, so muss es sein!« Daher freue mich immer, wenn ich wieder an die Universität Kassel fahre, um dort eine meiner Mitarbeiterinnen zu besuchen.

Sicherlich gilt dies auch für viele Fachhochschulen, an denen ebenfalls besonders viele Nicht-Akademikerkinder studieren und wo es praxisorientierter zugeht. Dies zeigt jedoch auch, dass ich mich gemeinsam mit vielen anderen Erststudierenden üblicherweise als Wanderer zwischen zwei unterschiedlichen Welten fühle, die unvereinbar scheinen, in denen unterschiedliche Sprachen gesprochen werden und verschiedene Wahrnehmungen und Wertvorstellungen vorherrschen. Während man beispielsweise an der Hochschule für seine Abschlussarbeit gelobt wird und eine gute Note erhält, kann die Familie nicht ermessen, was es bedeutet, gut 100 Seiten verfasst zu haben. »Und, was bringt das jetzt? Ist das nicht Zeitverschwendung?«, heißt es stattdessen. Während man für sein Stipendium an der Hochschule große Anerkennung erfährt, kann die eigene Familie damit nichts anfangen: »So, du kriegst jetzt also einfach so Geld zum Studieren, ohne dafür arbeiten zu müssen?« Leistungen und Erfolg werden von beiden Seiten ganz unterschiedlich definiert. Daher fragen sich viele Erststudierende, was Erfolg sowie einen guten Job eigentlich ausmachen. Für sie ist eigentlich nie richtig klar, wann sie es wirklich geschafft haben, wann sie wissen, dass sie angekommen sind. Ähnlich verhält es sich in anderen Lebensbereichen: Was ist gutes Essen? Was ist eine gute Freizeitgestaltung? Was ist ein guter Urlaub? Egal, wofür man sich entscheidet, man kann es nie beiden Welten gleichzeitig recht machen, was die

Herausbildung einer eigenen Identität erschwert. Daher gilt es für Erststudierende und Erstakademiker, ihr eigenes Wertesystem zu kreieren, das aus einer Mischung aus beiden Welten besteht, und sich dementsprechend mal mehr und mal weniger anzupassen. Je früher man anfängt, in beiden Welten den Mut zu haben, anders zu sein und sich nicht zu verbiegen oder verunsichern zu lassen und letztendlich zu sich selbst zu stehen, umso besser. Dass dies jedoch für viele ein sehr langer Weg, wenn nicht sogar eine Lebensaufgabe ist, werde ich Ihnen im nächsten Kapitel zeigen.

»ICH GEHÖRE IMMER NOCH NICHT DAZU«
Immerwährende Loyalitäts- und Identitätskonflikte,
ein Leben lang

Im Rahmen von Vorträgen bemerke ich immer wieder, dass ich einige Zuhörer kalt erwische. Denn wenn ich von Arbeiter-Kind.de und meiner Geschichte erzähle, konfrontiere ich sie automatisch mit ihrer eigenen Herkunft und Bildungsbiografie. Eine Dame, die seit Jahren erfolgreich in einer Stiftung arbeitet, berichtete beispielsweise, dass sie von ihrer Mutter heute noch regelmäßig Folgendes zu hören bekomme: »Ja, wenn du dann mal richtig arbeitest!« Ein Herr, der in einem Bundesministerium tätig ist, bemerkte hinterher: »Wenn ich aus dem Gymnasium nach Hause kam, sagte mein Vater häufig, ich hätte ja den ganzen Tag nichts getan und könnte jetzt endlich mal anfangen zu arbeiten.«

Die Reaktion einer promovierten Zuhörerin, die inzwischen eine einflussreiche Position in einer Bundesverwaltung innehat, ist mir besonders in Erinnerung geblieben: »Frau Urbatsch, wissen Sie, wie oft ich schon hinter meinem Schreibtisch gesessen und mich gefragt habe, wann man herausfinden werde, dass ich dort eigentlich nicht hingehöre?« Diese Äußerung machte mich neugierig und ich fragte mich auf einmal, ob und wie sich typische Verhaltensweisen von Erststudierenden in Schule und Uni später im Berufsleben fortsetzen und welche Konsequenzen sie möglicherweise haben. Erfreulicherweise war die Dame, die mir gegenüber so offen gewesen war, zu einem längeren Gespräch bereit. Allerdings möchte sie wie alle anderen, dass ihr Name nicht genannt wird oder dass man sie nicht erkennt. Nennen wir sie also Elisabeth.

Während ihrer Schul- und Studienzeit machte Elisabeth dieselben Erfahrungen, die Ihnen bereits aus den vorherigen Kapiteln bekannt sind. Als sie beispielsweise noch das Gymnasium besuchte, bekam sie von ihrem Opa zu hören: »Was machst du am Gymnasium, geh' auf die Wirtschaftsschule«, und ihre Oma pflegte zu sagen: »Bücher sind totes Kapital.« Als ihr Vater – wie ihre Mutter ein einfacher Angestellter – ihr in der zehnten Klasse vorschlug, eine Bankausbildung zu machen, brüllte sie, dass sie auf keinen Fall eine Lehre machen werde. Dabei war Elisabeth als Kind und Jugendliche eher schüchtern gewesen. Sie aß regelmäßig bei einer Schulfreundin, deren Eltern studiert hatten, zu Mittag und wunderte sich über die abgehobenen Gesprächsthemen. Elisabeth hatte am Gymnasium inzwischen Hochdeutsch gelernt, zu Hause wurde jedoch nur Fränkisch gesprochen. Als sie ihr Einser-Abitur in der Tasche hatte, dachte sie darüber nach, entweder Physik zu studieren oder sich zur Sekretärin ausbilden zu lassen. Sie fragte sich, was von beidem sie wohl eher schaffen könnte. Schließlich traute sie sich das Physik-Studium doch nicht zu. Und auch ihre Eltern fragten sich, wie sie es schaffen sollten, eine Hochschulausbildung zu finanzieren. Elisabeth nahm einige Beratungsangebote wahr, doch dies half ihr nicht weiter, denn ihr fehlte jemand, der all die erhaltenen Informationen gemeinsam mit ihr durchdacht hätte. Die Entscheidung, wie es weitergehen sollte, empfand sie als endlose Qual, da sie sich allein und hilflos fühlte.

Gegen den Widerstand ihrer Eltern entschloss sich Elisabeth, für ein Jahr als Au-Pair ins Ausland zu gehen in der Hoffnung, sich anschließend leichter für eine der Möglichkeiten entscheiden zu können. Ihre Eltern waren dadurch sehr verletzt und empfanden ihren Weggang als Flucht vor ihnen.

Doch als Elisabeth zurückkam, war sie noch nicht viel weitergekommen. Immerhin wusste sie, dass ein Studium für sie das Richtige war. Sollte sie nun idealistisch sein und Geschichte wählen – eine aus ihrer Sicht brotlose Kunst – oder doch lieber auf Nummer sicher gehen und ein wirtschaftswissenschaftliches Fach studieren, da sie doch Geld verdienen musste. Sie entschied sich für Letzteres. Wie viele andere Erststudierende auch fühlte sie sich an der Uni nicht wohl und irgendwie fremd. Sie hatte das Gefühl, im Gegensatz zu ihren Kommilitonen klein, schüchtern und doof zu sein und nahm sich als Außenseiterin wahr. Elisabeth war allerdings sehr diszipliniert und ihre Leidensfähigkeit war hoch, sodass sie das Studium durchzog, obwohl sie das Fach Wirtschaftswissenschaften nicht wirklich glücklich machte. Zu wechseln traute sie sich nicht, insbesondere weil ihr die Studienfinanzierung eh schon zu schaffen machte. Nach ihrem Abschluss bewarb sie sich auf alle Stellen, die für sie infrage zu kommen schienen – jedoch erfolglos. Heute weiß sie, dass es nicht geklappt hat, weil ihr die akademische Sprache und das Verfassen von Bewerbungen Probleme bereitet hatten. Ihr fehlte ein Gegenüber, mit dem sie über das hätte diskutieren können, was sie besonders gut kann, beziehungsweise was daraus zu machen war.

Schließlich bekam sie einen Job als wissenschaftliche Mitarbeiterin an einer Hochschule, eine Stelle, die sie inhaltlich eigentlich nicht interessierte – Elisabeth brauchte aber das Geld. Vorgesehen war, dass sie im Rahmen dessen ihre Doktorarbeit schrieb, sie traute sich das aber eigentlich nicht zu. Dennoch schloss sie ihre Promotion erfolgreich ab, wobei es ein sehr langer Weg war. Am Ende erhielt Elisabeth sogar noch drei Auszeichnungen für ihre Dissertation. Ihr Selbstbewusstsein wurde durch die Anerkennung von außen allerdings nicht wesentlich größer. »Durch die Ehrung habe ich erst langsam begonnen zu glauben, dass ich etwas kann«, berichtete mir Elisabeth.

Nachdem sie ihren Doktor hatte, musste sie sich erneut um einen Job bewerben. Ihrer Meinung nach kam sie ihrem Ziel erst näher, als sie alles auf eine Karte setzte, bereit war, Risiken einzugehen. Das erforderte ein gewisses Selbstbewusstsein, denn entweder es klappt oder es klappt nicht. Und es funktionierte, Elisabeth erhielt die Zusage für eine attraktive Referentenstelle in einer wissenschaftlichen Einrichtung. Für sie war es sehr wichtig gewesen, ohne Vitamin B an einen Job zu kommen, sie wollte durch ihre Leistung überzeugen. Doch neben der Freude über die Stelle überkamen sie gleichzeitig viele Ängste: »Ich weiß nicht, was ich anziehen soll. Was ist, wenn ich den Erwartungen nicht entspreche? Woher weiß ich, welches Verhalten man voraussetzt, was richtig ist und wie man dort miteinander kommuniziert?«, schoss es ihr nur so durch den Kopf.

Vom ersten Arbeitstag an begann Elisabeth, Vorgesetzte sowie Kolleginnen und Kollegen genau zu beobachten und diese zu imitieren, was sie über die Jahre perfektionierte. Doch das Gefühl der Fremdheit, die Furcht, irgendwann negativ als »Hochstaplerin« aufzufallen, und die Angst vor neuen Situationen hielten an. Elisabeth merkte jedoch zunehmend, dass sie sich nach außen hin immer mehr anpasste und den Anschein von Erfolg erweckte, während sie das innerlich viel Kraft kostete. Heute geht sie viel spielerischer damit um und hat keine Angst mehr davor, dass alles um sie herum zusammenbrechen könnte. Im Gegenteil, jetzt hat sie sogar Freude an Neuem. Mit zunehmender Erfahrung fasste sie mehr und mehr Vertrauen in ihre eigenen Fähigkeiten und hatte auch immer mehr Ideen, was sie alles in ihre Arbeit einbringen könnte und was in ihrem Bereich anders gemacht werden sollte. Elisabeth fühlte sich zunehmend verantwortlich.

Nach ein paar Jahren bewarb sie sich auf eine Position in einer Verwaltung des Bundes, rechnete nicht mit einer Zusage, bekam aber den Job. Wieder war sie dort mit einer völlig neuen Welt konfrontiert und stand unter hohem Druck. Sie arbeitete wie eine Wahnsinnige, war nach wenigen Wochen ein nervliches Wrack und frustriert, da sie ihre eigenen hohen Erwartungen nicht erfüllte. Eine ältere Freundin von ihr bekam dies mit und schickte ihr von da an jeden Tag dieselbe E-Mail, die nur einen Satz enthielt: »Du kannst das!« Wie früher auch schon fühlte Elisabeth sich fehl am Platz, weil sie die vielen unausgesprochenen Regeln, möglichen Fettnäpfchen und Tretminen, die sie nicht kannte und unbedingt umgehen wollte, verunsicherten. Ihre altbekannten vermeintlichen Schwachstellen aus ihrer Kindheit und ihrem jungen Erwachsensein waren auch hier wieder sehr dominant: das mangelnde Selbstbewusstsein trotz großer Leistungsfähigkeit, die Angst, als Blenderin entlarvt zu werden, die zu hohen Erwartungen an sich selbst und der Wunsch, alles auf einmal verändern zu wollen. Nachdem ein Bekannter, der in einem ähnlichen Umfeld arbeitete wie Elisabeth und der ungefähr so alt war wie ihr Vater, ihr zum fünften Mal angeboten hatte, ihn bei Problemen anzurufen, gab sie sich endlich einen Ruck und fragte ihn um Rat. Er ist mittlerweile ihr Mentor, und das schon seit Jahren. Elisabeth hat liebevolle und fürsorgliche Eltern. Aber ihnen ist die Studien- und Berufswelt der Tochter völlig fremd – in diesem Punkt können sie ihr keinen Rat und Rückhalt geben. Ihr Mentor ist ihr daher ein wertvoller Diskussionspartner geworden, sodass sie sich nicht mehr mit den Dingen allein, sondern ermutigt fühlt. »Dieser Zuspruch ist unheimlich wichtig«, sagt sie.

Um Hilfe zu bitten, fiel Elisabeth äußerst schwer, denn sie wertete es als Versagen, die Unterstützung anderer anzunehmen. Sie empfand sich selbst als Zumutung für ihre Mitmenschen und konnte nicht verstehen, warum sich jemand für sie Zeit nehmen sollte.

Dies ist übrigens auch ein Phänomen, das wir unter Schülern und Studierenden häufig beobachten, sodass unsere Mentoren sehr hartnäckig sein und immer wieder sagen müssen: »Wenn du Fragen hast, kannst du dich wirklich melden!« Sie wissen, dass sie immer wieder nachhaken müssen. Laura, die Studentin, die ich begleite und von der ich Ihnen bereits erzählt habe, verstand lange Zeit nicht, warum ich ihr helfe, und fragte sich, was ich davon hätte. Daher fürchtete sie zum einen, dass ich irgendwann bestimmt mit der Rechnung rausrücken oder eine Gegenleistung erwarten würde. Und zum anderen wollte sie mich nicht mit ihren Problemen belasten.

Für Elisabeth war der Spruch »Fake it till you make it!« – frei übersetzt »Bluffe so lange, bis du es kannst, egal, was deine eigene Stimme sagt.« – sehr hilfreich. Mittlerweile hat sie sich Selbstbewusstsein erkämpft. Das, was sie auf ihrem Bildungsaufstieg beeinträchtigt hat – mangelnder Glaube an sich selbst und die eigenen Fähigkeiten –, ist zwar schwächer geworden, aber immer noch da. Die große Diskrepanz zwischen Selbst- und Fremdwahrnehmung spürt Elisabeth bis heute, sodass es ihr schwerfällt, ihre eigenen Leistungen richtig einzuschätzen. Diese wertet sie eher ab, als dass sie sie würdigt oder sich darüber freut. So fragt sich Elisabeth beispielsweise, ob ihr eine Beförderung wirklich zusteht, ob sie das auch verdient hat. Ihre Pflichten kennt sie sehr genau, aber ihre Rechte nicht. Für Erfolge macht Elisabeth andere oder äußere Umstände verantwortlich, während sie Misserfolge gnadenlos auf sich selbst bezieht. »Andere würden mich nicht so unmenschlich behandeln, wie ich mit mir selbst umgehe«, sagt sie. Dabei legt sie sehr großen Wert darauf, anderen Menschen mit Respekt zu begegnen. Mit der Zeit stellte Elisabeth jedoch auch fest, dass die Eigenschaften, die sie selbst lange für Schwächen gehalten hat, eigentlich ihre Stärken sind. So bereichert sie viele Diskussionen, indem sie durch ihre Lebenserfahrung und Perspektive ganz andere Ideen und Vorstellungen einbringt. Während andere Misserfolg oft gar nicht näher zur Kenntnis nehmen oder einfach übergehen und an äußeren Umständen festmachen, analysiert Elisabeth beispielsweise ganz genau dessen Ursache. Sie fühlt sich dafür verantwortlich, sie möchte daraus lernen und es beim nächsten Mal besser machen.

Ihr »Anderssein« hat sie somit für sich auch als Erfolgsfaktor entdeckt: »Es gibt Situationen, in denen man sich anpassen muss, aber es gibt auch solche, in denen man erfolgreicher ist, wenn man sich traut, man selbst zu sein und anders zu denken!« Sie weiß auch, dass ihre Eltern stolz auf sie sind, allerdings gibt es da auch manchmal eine gewisse Distanz und Unbeholfenheit in ihrem Verhältnis zueinander. So hat sie von Anfang an mehr verdient als Mutter und Vater zusammen. Es ist auch nicht einfach, mit ihren Eltern über ihre beruflichen Probleme und Sorgen zu sprechen. Ihre Eltern können sich überhaupt nicht vorstellen, wie ihr Berufsalltag aussieht.

Was empfiehlt Elisabeth also anderen, denen es geht wie ihr? Sich einen Mentor mit Berufserfahrung zu suchen, mit dem man sprechen kann, der einem den Rücken stärkt und den Spiegel vorhält. Außerdem möchte sie anderen Mut machen, den Bildungs- und Berufsweg eher als Abenteuer denn als Quälerei zu begreifen – auch wenn dies insbesondere zu Beginn nicht leicht ist. Neben »Fake it till you make it!« und der Erfahrung »Ich habe es immer geschafft und werde es auch jetzt schaffen!« hat ihr auch eine Erkenntnis geholfen: »Life is difficult«, also »Das Leben ist schwierig«, aus *The Road Less Traveled* von Scott Peck, aber jeder neue Job ist eine Chance, sich von alten Lasten zu befreien, um echter, spielerischer und freudvoller zu leben.

Vielleicht werden Sie sich fragen, warum und wie Elisabeth zu so einer einflussreichen Position gekommen ist, wenn sie lange nicht über das nötige Selbstbewusstsein und die innere Sicherheit verfügt hat. Dies lag an ihrem hohen Sachverstand und dem Glück, dass sie irgendwann Menschen um sich hatte, die sie ermutigt haben, wodurch ihre Selbstwahrnehmung etwas korrigiert wurde und sie dadurch ihre Leistungsfähigkeit auch nach außen zeigen konnte. Ich habe Elisabeth als hochintelligente, äußerst kompetente und selbstbewusste Powerfrau erlebt, die mich sehr beeindruckt. Sie ist jedoch kein Einzelfall. Ich selbst kann ein Lied davon singen, wie unsicher ich mich in manchen Situationen gefühlt habe, später jedoch die Rückmeldung bekam, dass es anderen gar nicht aufgefallen ist. »Das hat man gar nicht gemerkt, das war doch sehr gut!«, ist eine häufige Reaktion. Inzwischen bin ich mir durchaus bewusst, wie sehr Wahrnehmungen voneinander abweichen und habe meine eigenen Techniken entwickelt, um damit umzugehen. Meine selbstkritische Haltung und Bodenständigkeit empfinde ich auch als positive Eigenschaften und sehe darin eine besondere Kompetenz.

Die innere Einstellung, Verhalten, Denkstil, sprachlicher Ausdruck, Hobbys und Geschmack werden sehr stark von der eigenen Familie beziehungsweise dem sozialen Umfeld bestimmt, in dem man aufgewachsen ist. Der französische Soziologe Pierre Bordieu bezeichnete dies als Habitus. Natürlich weist der Habitus auch immer individuelle Facetten auf, aber wer in einem bestimmten Umfeld groß wird und sich entwickelt, übernimmt einfach gewisse Dinge wie eben Haltung, die Art und Weise, sich auszudrücken, Interessen oder Kleidungsstil. Hinsichtlich dessen unterscheiden sich die verschiedenen sozialen Milieus. Ob man nun Golf und Polo spielt – zu meiner Zeit war es Tennis – oder im Turnverein ist, auf Sylt oder auf Mallorca Urlaub macht, wir alle unterscheiden uns in der Wahl unseres Lieblingsrestaurants oder darin, wie wir uns kleiden. Einige lieben teure Anzüge und Kostüme, andere fühlen sich darin überhaupt nicht wohl oder können sich diese erst gar nicht leisten.

Auch Burkhard Schwenker musste sich mühsam erarbeiten, wie man sich in deutschen Vorstandsetagen verhält, um schließlich in den Vorstand von Roland Berger aufzusteigen, obwohl dies gar nicht sein ursprünglicher Plan gewesen war. Durch einen Zeitungsartikel wurde ich auf ihn aufmerksam und fragte per E-Mail an, ob er zu einem Interview für mein Buch bereit wäre. Zu meiner Überraschung erhielt ich sehr schnell eine positive Rückmeldung. So traf ich ihn schließlich in einem der oberen Stockwerke eines Hochhauses mit Blick auf den Hamburger Hafen.

Auch Schwenker kennt das Gefühl großer Unsicherheit, das einen auf dem eigenen Bildungsweg begleitet. Inzwischen findet er es aber nicht ungewöhnlich und nimmt es niemandem ab, der behauptet, nach dem Abitur schon genau gewusst zu haben, was er wollte. Jugendlichen empfiehlt er daher, sich bloß nicht in ihrer Wahlfreiheit einschränken zu lassen. Sein Studium der Betriebswirtschaftslehre und Mathematik an der Universität Bielefeld hat Schwenker in den Achtzigerjahren als Einzelkämpfer, ohne elterliche Unterstützung durchgezogen. Zwar wusste er, dass er BAFöG bekommen würde, dazu hätte er aber seine Eltern einbeziehen müssen, was er nicht wollte. Wären damals schon Studiengebühren erhoben worden, hätte er seiner heutigen Einschätzung nach nicht studiert. Die finanzielle Hürde wäre für ihn zu groß gewesen. Während seines Studiums wohnte er zunächst im Studentenwohnheim und später in verschiedenen WGs. Seinen Hochschulabschluss finanzierte Schwenker mit den unterschiedlichsten

Jobs, so arbeitete er beispielsweise auf dem Bau oder schob Nachtschicht im Überwachungsraum einer Schraubenfabrik. Ungeachtet dessen saß er morgens wieder pünktlich in der Vorlesung. »Schlaf brauchte man damals ja nicht«, amüsiert er sich bei unserem Gespräch. »Natürlich habe ich auch mit etwas Neid auf die anderen geschaut, die nicht nebenbei arbeiten mussten. Aber im Nachhinein möchte ich die Erfahrungen, die ich in den unterschiedlichen Jobs gesammelt habe, nicht missen. Die Situation selbst war vielleicht unangenehm, aber langfristig für mich sehr wertvoll. Durch die vielen verschiedenen Tätigkeiten habe ich alle möglichen Lebenswelten kennengelernt und meine Bodenhaftung behalten.« Darauf ist er stolz. Schließlich konnte er nach dem Vordiplom eine der begehrten Hilfskraftstellen an der Uni ergattern, was ihm ein regelmäßiges Einkommen ermöglichte.

Nach seinem Studienabschluss wollte Schwenker eigentlich an der Uni bleiben, schickte jedoch ein paar Bewerbungen an verschiedene Unternehmen, um bezahlt reisen und etwas von Deutschland sehen zu können, was ihm vorher finanziell nicht möglich gewesen war. Es verblüffte ihn jedoch sehr, als er von einem Unternehmen in Süddeutschland tatsächlich ein Jobangebot als Vorstandsassistent im Bereich Vertrieb erhielt. Im Bewerbungsgespräch war er auf zwei Menschen getroffen, bei denen die Chemie stimmte, die sein Potenzial erkannt hatten und ihn später förderten. Nach der Zusage dachte er: »Wenn die das unbedingt wollen, dann mache ich das mal«, und unterschrieb den Vertrag.

Allen Hochschulabsolventen empfiehlt Schwenker insbesondere beim Berufseinstieg darauf zu achten, dass sie auf

Menschen treffen, die ihnen den Weg ebnen und denen sie vertrauen können. Er ist sich bewusst, dass er das große Glück hatte, auf die richtigen Menschen zu stoßen. Nachdem er als Vorstandsassistent erste praktische Erfahrungen gesammelt hatte, ging er als wissenschaftlicher Mitarbeiter an die Universität zurück, wo er seine Doktorarbeit schrieb. Anschließend wurde er zufällig auf die Unternehmensberatung Roland Berger aufmerksam, wo er zunächst als Berater einstieg und Karriere machte. Schwenker erinnert sich noch sehr gut daran, wie er sich die Umgangsformen der höheren gesellschaftlichen Kreise abschauen und mühsam erlernen musste. Es freute ihn von Anfang an, dort angekommen zu sein, aber wohl fühlte er sich in dem Umfeld lange Zeit nicht. Neben der Etikette bei Tisch machte ihm auch der übliche Small Talk zu schaffen. Noch heute hat er vor Augen, wie er sich auf einem Empfang zu einer Gruppe von Herren gesellte, die ihn aber nicht ins Gespräch einbezog. Heute passiert ihm das natürlich nicht mehr, doch in dem Moment schwor er sich, sich anderen gegenüber niemals so zu verhalten. Darüber hinaus stellte er fest, dass er zum Kulturleben wie Theater, Kunst und klassische Musik keinen Zugang hatte: »Aber auch das kann man nachholen.«

Das Thema Durchlässigkeit hat ihn immer schon sehr beschäftigt, sodass er sich heute bei Roland Berger dafür einsetzt, dass sie gewährleistet ist. So achtet er beispielsweise darauf, dass Berufseinsteiger auch an öffentlichen Hochschulen rekrutiert werden, um Absolventen aus einfachen Familienverhältnissen zu gewinnen. Er glaubt an Vielfalt und weiß aus eigener Erfahrung, dass deren Fähigkeiten für Unternehmen genauso wichtig sind wie die der Abgänger mit »Stallgeruch«.

Er ist jedoch auch davon überzeugt, dass die Leistung von Bildungsaufsteigern höher ist als die derer, die sich nicht alles mühsam erarbeiten mussten. Um Menschen, denen es ähnlich ging wie ihm, den Einstieg in die große Welt des Business zu erleichtern, führte er Seminare ein, etwa zu den Themen Small Talk und Etikette. Schwenker spricht auch selbst vor Studierenden und gibt ihnen im Rahmen von Veranstaltungen an Hochschulen Tipps für Karriere und Berufseinstieg. Dort betont er immer wieder, dass es bei der Entscheidung für einen Arbeitgeber auf die Menschen eines Unternehmens ankommt. Er empfiehlt, sich lieber einen anderen Job zu suchen, wenn man den Eindruck hat, dass man nicht recht zueinander passt. Er weiß nämlich aus Erfahrung, dass es Glücksache ist, auf das richtige Umfeld zu stoßen, das einen fördert.

Schwenker hat immer offen zu seiner Herkunft gestanden. Er ist auch der Einzige, der damit einverstanden ist, im Buch mit Namen genannt zu werden. Dies sollte uns zu denken geben. Dabei habe ich beobachtet, dass es Politikern noch am leichtesten fällt, offen über ihre Herkunft zu sprechen, etwa Cem Özdemir oder Andrea Nahles.

Wie der Soziologe Michael Hartmann festgestellt hat, schaffen es in Deutschland anders als in der Politik nur sehr wenige Akademiker aus einfacheren Verhältnissen ins Topmanagement. 80 Prozent stammen laut seinen Untersuchungen aus den oberen 3,5 Prozent der Bevölkerung.[9] Hartmann fand zudem heraus, dass man sich in den Chefetagen für Nachfolger entscheidet, die den Auswählenden ähnlich sind, also einen vertrauten Habitus mitbringen: »Der Kandidat muss die in den Chefetagen geschriebenen und ungeschriebenen Regeln genauestens kennen, über eine relativ große bildungsbürgerliche Allgemeinbildung und unternehmerisches Denken verfügen und vor allem ein hohes Maß an persönlicher Souveränität aufweisen.«[10] Dabei ist die Souveränität aus Sicht des Soziologen das wichtigste Merkmal. Sie umfasst vor allem Parkettsicherheit sowie ein zuverlässiges Selbstbewusstsein und Gelassenheit in allen Lebenslagen. Insbesondere die von Hartmann genannten Ansprüche an Führungskräfte sind sehr interessant, da sie den für Menschen aus einfacheren Verhältnissen typischen Einstellungen und Verhaltensweisen zuwiderlaufen: »Wer ungewöhnliche Situationen gelassen und zuversichtlich angeht, beweist seine Führungsqualitäten. Wer dagegen Unsicherheit oder Angst zeigt, der lässt es genau daran fehlen. Zu einer optimistischen Grundhaltung gehören auch Risikobereitschaft und Entscheidungsfreudigkeit. Unternehmerisch zu denken, beinhaltet die Bereitschaft, nicht nur ›auf Nummer Sicher zu gehen‹, sondern auch eigene Vorstellungen zu entwickeln und tatkräftig umzusetzen, das heißt, Entscheidungen nicht aufzuweichen oder sie auf die lange Bank zu schieben und dabei eventuelle Risiken durchaus in Kauf zu nehmen. Wer nichts riskieren wolle, sei auch kein wirklich ›unternehmerisch denkender Mann‹, sondern ein ›Bürokrat‹, ein Mensch mit ›Beamtenmentalität‹.« Wenn dies die ausschlaggebenden Kriterien sind, so wundert es nicht, warum es so wenige Bildungsaufsteiger bis in die Chefetagen schaffen.

Umgekehrt sollte hinterfragt werden, ob Unternehmen nicht in vielerlei Hinsicht erfolgreicher wären, wenn sie auch in ihren Chefetagen Vielfalt zulassen würden. Zahlreiche Studien belegen, dass Teams, die sich aus Personen mit sehr unterschiedlichen Merkmalen zusammensetzen, erfolgreicher sind als solche, die aus einander stark ähnelnden Mitgliedern bestehen. Zumindest in einigen größeren Unternehmen wird inzwischen die sogenannte Diversity-Diskussion geführt. Diese bezieht sich nicht mehr nur darauf, Spitzenpositionen sowie Schlüsselstellen verstärkt mit Frauen zu besetzen, sondern wird zum Teil auch auf andere Gruppen ausgeweitet, die auf Führungsebene nur wenig bis gar nicht repräsentiert sind – nicht nur, weil »es sich so gehört«, sondern weil es auch den langfristigen betriebswirtschaftlichen Interessen des Unternehmens dient. Es erklärt sich von selbst, dass über eine stärkere Durchmischung nicht nur diskutiert werden sollte, vielmehr sollte sie tatsächlich umgesetzt werden.

Natürlich wünsche auch ich mir mehr Frauen in Führungspositionen. Und wie wäre es, gleich eine Frau zu nehmen, die in ihrer Familie als Erste studiert hat, so eine wie mich? An den Reaktionen, die ich selbst immer wieder in den letzten Jahren hervorgerufen habe – sowohl bei Männern als auch bei Frauen unterschiedlichster sozialer Herkunft –, lässt sich jedoch ablesen, dass dies noch ein langer Weg ist. Sie können sich gar nicht vorstellen, wie häufig ich gehört habe: »ArbeiterKind.de wurde von einer Frau gegründet? Sie haben das gegründet, echt? Und das war wirklich Ihre Idee?« Ich habe festgestellt, dass es vielen als vollkommen abwegig erscheint, dass ich in den letzten drei Jahren erfolgreich eine Organisation aufgebaut habe und inzwischen auch einige Mitarbeiterinnen führe. Selbst ein guter Freund sagte zu mir: »Naja, ich muss zugeben, wenn ich dich so einfach auf der Straße sehen und dich nicht kennen würde, könnte ich mir das auch nicht vorstellen.« Angesichts des demografischen Wandels und des drohenden Fachkräftemangels können wir uns solch eine Fantasielosigkeit in Deutschland nicht mehr leisten, sondern sind darauf angewiesen, neue Potenziale zu erschließen.

Nach meinem Studienabschluss wusste ich nicht so recht, wie ich an meinen ersten Job kommen sollte und in welche Richtung ich eigentlich genau wollte. Auch diesmal fand ich in meinen Eltern nicht die geeigneten Ansprechpartner, da sie aufgrund ihres Werdegangs nicht den Überblick haben konnten, welche Art von Arbeit für mich überhaupt infrage kam, und nicht über Verbindung in akademische Kreise verfügten. Neben dem Spagat, den man als Nicht-Akademikerkind schon während Schulzeit und Studium zwischen den beiden Welten vollbracht hat, gibt es auch beim Einstieg in den Beruf Unterschiede zu Mitbewerbern und Kollegen, deren Eltern studiert haben. Ein bisschen klang ja bereits durch, dass Letztere schon vor und insbesondere während des Studiums Praktika in renommierten Unternehmen, Kanzleien und Agenturen absolviert haben. Damit haben sie den Grundstein gelegt für ihr späteres Netzwerk und ihre Karriere, wobei es häufig die Kontakte der Eltern sind, die dies erst ermöglichen. Doch was macht man, wenn Mutter und Vater nicht über Verbindungen in diese Kreise verfügen, man nicht über Vitamin B dort hinkommt und niemanden kennt oder hat, der einen empfiehlt?

Ich spürte die Sorge meiner Familie, ob ich einen Job finden würde, und ihre Unsicherheit, da sie mir auf dem akademischen Arbeitsmarkt nicht wirklich helfen konnte. Erst zum

Ende des Studiums hatte ich erfahren, dass Stellenanzeigen für Akademiker vor allem in der *ZEIT* zu finden sind. Also schaute ich dort rein und überlegte, auf welche Stelle ich passen, was ich mir vorstellen und wo ich mich bewerben könnte. Doch die meisten Anzeigen schienen nicht für Berufseinsteiger zu sein. Meine Familie wurde immer nervöser und ich machte mir selbst Druck. Irgendwann fragte mich eine Professorin, ob ich schon mal darüber nachgedacht hätte zu promovieren. Der Gedanke war mir schon gekommen, ich hatte jedoch nicht gewusst, wie man das angeht. Durch die Presse erfuhr ich dann von der Exzellenzinitiative für Hochschulen, die dazu führen sollte, dass Graduiertenschulen und Stipendien für Doktoranden geschaffen werden. Nach der Entscheidung, welche Universitäten den Zuschlag erhalten sollten, stieß ich auf Stellen- und Stipendienausschreibungen des International Graduate Centre for the Study of Culture der Justus-Liebig-Universität Gießen und bewarb mich. Innerhalb kürzester Zeit musste ich dafür ein Exposé, also eine Projektbeschreibung meiner Doktorarbeit, verfassen und mir Gutachten von zwei Professoren besorgen. Ich lernte ein neues Textformat kennen, das Fragezeichen in mir aufsteigen ließ: Wie sieht nur das Exposé für eine Doktorarbeit aus? Aber inzwischen war ich ja geübt darin, mich durchzufragen und mir entsprechende Informationen zu besorgen. Also erkundigte ich mich in meinem Freundeskreis und Uni-Netzwerk, worauf es dabei ankommt, und hoffte darauf, dass mir jemand ein Beispiel schickt, damit meine Vorstellung noch etwas konkreter wurde. Glücklicherweise erhielt ich schließlich zwei bis drei Exposés, an deren Struktur ich mich dann orientierte und verstand, worum es dabei ging.

Kurzum, zu meiner Überraschung wurde ich zum Vorstellungsgespräch für eine halbe Stelle in der Öffentlichkeitsarbeit des Gießener Graduiertenzentrums eingeladen. Ich hoffte, dass ich eine Chance haben würde, glaubte jedoch nicht mehr daran, als ich meinen sehr gestylten männlichen Mitbewerber sah, der vor mir sein Gespräch geführt hatte. Im Raum fand ich eine einschüchternde Situation vor – drei Professoren und mindestens zwei weitere Personen, also fünf oder sechs Leute insgesamt, saßen mir als frisch gebackener Hochschulabsolventin gegenüber. Scheinbar schlug ich mich trotzdem recht gut, denn ich bekam die Stelle, was ich damals nicht fassen konnte. Heute weiß ich von den drei Professoren des Vorstands des Graduiertenzentrums, dass sie mein Potenzial gleich erkannt hatten. Insbesondere meinem Doktorvater Ansgar Nünning bin ich dankbar und weiß sehr zu schätzen, dass er vor allem in Bewerbungssituationen eher auf das Potenzial achtet und großzügig über formale Anfangsunsicherheiten hinwegschaut. Er hat einen sehr guten Blick dafür, auf welche Eigenschaften und Fähigkeiten es grundsätzlich ankommt und was man sich auch noch im Laufe der Zeit aneignen kann. Und in der Regel hat er Recht behalten. Wenn ich mich mit anderen über Auswahlgespräche austausche, höre ich aber zumeist von ganz anderen Erfahrungen. Als Fußballfan hat Nünning jedoch begriffen, dass es sich bei den Hochschulen ähnlich verhält wie bei den Spitzenvereinen: Man muss in die Jugendarbeit investieren und die Spieler aufbauen.

Inzwischen konnte ich bei ArbeiterKind.de auch hauptamtliche Stellen besetzen, wodurch ich eigene Erfahrungen mit Bewerbungs- und Auswahlverfahren gesammelt habe. Es war zu erwarten, dass besonders viele Erstakademiker ihre Unterlagen einsandten. Sowohl in den Bewerbungsschreiben als auch in den Einstellungsgesprächen stellte ich fest, dass sich die Mehrheit nicht besonders gut verkaufen konnte, trotz ausgezeichneter Noten. Wie ich selbst bei meinem Stipendium und nach meinem Studienabschluss standen sie unter einem enormen Erfolgsdruck, nach der Uni sehr schnell einen Job zu finden und Geld zu verdienen. Sie müssen sowohl sich selbst als auch ihren Familien zeigen, dass sich das Studium, die Investition in Bildung auch wirklich gelohnt haben. Natürlich stehen auch Absolventen mit akademischem Hintergrund unter großem Erwartungsdruck, doch ich habe beobachtet, dass sie bei der Jobsuche wesentlich strategischer vorgehen. Sie können auch warten und gedulden sich lieber, als dass sie irgendeine Stelle annehmen, nur um versorgt und finanziell abgesichert zu sein – wozu Absolventen, deren Eltern nicht studiert haben, aufgrund von Existenzängsten, ob es ihre eigenen oder die ihrer Familie sind, tendieren. Letztere sind auch eher bereit, eine halbe Stelle anzunehmen. In der Regel ist es allerdings schwer, sich aus so einer Position heraus auf anspruchsvollere, prestigeträchtigere Jobs oder Vollzeitstellen zu bewerben. Wieder steht verständlicherweise bei Nicht-Akademikerkindern das kurzfristige Geldverdienen und Überleben stärker im Vordergrund als die langfristigere Investition und gezielte Karriereplanung sowie der Blick nach oben.

Unsere neu geschaffenen Stellen habe ich, soweit machbar, öffentlich ausgeschrieben, um Menschen wie mir eine Chance zu geben, denn ich war damals auch darauf angewiesen. Viele erklärten mich für verrückt, als ich einen Teil davon bundesweit inserierte, auch wenn es sich nur um halbe oder zunächst auf ein bis zwei Jahre befristete Stellen handelte. »Da bekommst du ja viel zu viele Bewerbungen, das ist doch viel zu anstrengend.« Doch ich machte mir gemeinsam mit meinem Freund die Mühe und schaute mir jede einzelne Bewerbung an, weil wir wissen, dass es sich lohnt. Das handhaben wir immer noch so. Viele Bewerberinnen, die wir zu Auswahlgesprächen einluden, waren überrascht, denn nach zahlreichen Anläufen war es ihre erste Einladung zum Gespräch. Als ich mich unter den zahlreichen Interessenten für eine Mutter von zwei Kindern entschied, stieß ich in meinem Umfeld auf Unverständnis: »Du hattest 250 Bewerber und hast eine Frau mit zwei Kindern eingestellt?« Ich habe die Entscheidung bis heute nicht bereut, im Gegenteil, denn diese Frau übertraf meine Erwartungen. Um mit zwei Kindern parallel studieren und arbeiten zu können, bedarf es eines überdurchschnittlichen Zeitmanagements und guter Organisation.

Aus einer Mutter kann man keine kinderlose Frau machen, ebenso wenig kann man aus einem Bildungsaufsteiger kein Akademikerkind machen. Daher kann man von Bewerbern oder Mitarbeitern nicht erwarten, dass sie sich der üblichen Erwartungshaltung anpassen, sondern es sollte umgekehrt sein. Wir müssen Letztere ändern, von unserer Vorstellungskraft Gebrauch machen, Fantasie entwickeln, flexibel und kreativ sein. Denn Mitarbeiterinnen und Mitarbeiter, die nicht dem typischen, sprich erwarteten Bild entsprechen, liefern überraschende Impulse, bringen neue, ein Unternehmen bereichernde Kompetenzen mit, die zum Erfolg beitragen. Daher macht es wenig Sinn, Bewerberinnen und Bewerber verändern zu wollen. Und wie die Hochschulen müssen auch Arbeitgeber ihre Haltung ändern, offener werden für Ungewöhnliches, neue Chancen ermöglichen. Angesichts des Fachkräftemangels können wir es uns nicht länger leisten, Potenziale zu verschenken. Aber entgegen der weitverbreiteten Meinung, beispielsweise Bildungsaufsteiger einzustellen sei lediglich eine gute Tat, was aber zu Qualitätsverlust führe, wird es die Produktivität steigern, das Niveau anheben, da bislang unbekannte Kompetenzen ein Unternehmen oder eine Organisation anreichern.

Leistung muss in unserer Gesellschaft anerkannt und belohnt werden. Die Aussicht, durch Leistung erfolgreich aufsteigen zu können, muss realistisch machbar erscheinen, um möglichst viele dazu zu motivieren. Daher braucht es auch Vielfalt und Vorbilder in den Chefetagen. Wie wir von Michael Hartmann gelernt haben, wird Risikobereitschaft als Voraussetzung für erfolgreiche Führungskräfte angesehen. Daher sage ich: »Beweisen wir Führungsqualität, denken wir unternehmerisch und gehen doch mal ein Risiko ein, indem wir auf Vielfalt setzen!«

AUSBLICK

»Die Antwort auf die Frage, ›Welche Bildung brauchen wir?‹ ist in der Antwort auf die Frage zu finden: ›Welche Gesellschaft wollen wir?‹«, so der chilenische Soziologe Eugenio Tironi. Wenn es um mangelnde Chancengleichheit beim Zugang zu Bildung und den Bildungserfolg von Menschen aus sozial schwachen oder benachteiligten Familien in Deutschland geht, so fällt die Bilanz negativ aus. Die Zahlen sprechen für sich. Dies wurde mir erst kürzlich wieder bewusst, als ich an einer internationalen Konferenz der Organisation European Access Network in Amsterdam teilnahm. Das EAN setzt sich dafür ein, dass das akademische Bildungsangebot stärker von bisher unterrepräsentierten Gruppen genutzt wird. Bei der Vorstellung einer Reihe von ländervergleichenden Studien wurde Deutschland als einer der Staaten mit den sozial selektivsten Bildungssystemen wiederholt hervorgehoben. Somit zählte es wieder zu den Schlusslichtern im OECD-Ranking. Außer mir waren nur wenige Teilnehmer aus Deutschland anwesend. Jedes Mal, wenn das schlechte Abschneiden angesprochen wurde, schauten wir uns gegenseitig an und hätten uns am liebsten zusammen vor Scham unter dem Tisch verkrochen.

Wie Sie bei der Lektüre des Buches sicher gemerkt haben, sind es jedoch weniger die Zahlen, die mich interessieren und bewegen, sondern die Menschen dahinter. Menschen mit Talenten und Potenzialen, die Erfolge zu verbuchen und Niederlagen eingesteckt haben, ihre Ängste und ihre gelebten und ungelebten Träume. Es sind Bildungsbiografien jedweder Art und menschliche Schicksale, die so oder auch anders hätten verlaufen können, die mich umtreiben. Daher wundert es mich immer wieder, wie sehr wir in Deutschland an Zahlen kleben und wie leichtfertig und unbekümmert wir über Bildungsbiografien entscheiden. Dabei vergessen die meisten, wie folgenschwer damit der Lebensweg eines Menschen vorherbestimmt und geprägt wird. Die Beobachtung, wie wir den einen Optionen aufzeigen und sie den anderen nehmen, wie wir die einen ermutigen und die anderen entmutigen und die Lebenschancen von sozialer Herkunft abhängig machen, erstaunt mich jedes Mal aufs Neue.

Die Schüler und Studierenden, von denen ich hier erzählt habe, alle mit schwierigen Ausgangsbedingungen, haben auf ihrem Bildungsweg zahlreiche Kompetenzen erworben, die es ihnen ermöglicht haben, ihr Leben selbst in die Hand zu nehmen und eigenständig Entscheidungen zu treffen. Sie bringen sich aktiv in die Gesellschaft ein und bereichern und stärken diese durch ihre individuellen Fähigkeiten. Es ist mir alles andere als leichtgefallen, aus einer Vielzahl von beeindruckenden Geschichten und Bildungsbiografien eine Auswahl für das Buch zu treffen. Jeder einzelne Mensch dahinter sowie all jene, die diese auf ihrem hürdenreichen, oft holprigen Weg unterstützt haben, verdienen große Anerkennung. Wir sollten uns jedoch bewusst sein, dass jeder erfolgreichen Bildungsbiografie, die ich hier beschrieben habe, mehrheitlich gescheiterte Bildungsverläufe gegenüberstehen, die entweder in einer Sackgasse oder im Nirgendwo endeten. Diese Menschen haben es nicht geschafft, weil der Zufall ihnen keinen Engel an den Wegesrand geschickt hat, der sie ermutigt, aufgebaut, beraten und unterstützt hat. Wie viele Jugendliche wie Antonio gehen jeden Tag frustriert an Gartenzäunen vorbei, ohne dass sie jemand auf ihre Probleme anspricht! Wie viele Schüler finden weder Eltern, Lehrer, Trainer noch andere Menschen, die ihr Potenzial erkennen und ihnen für ihren Bildungsweg den Rücken stärken.

Durch den Aufbau von ArbeiterKind.de habe ich vor allem eines gelernt: Durchlässigkeit ist ein Prozess, der immer wieder angepasst werden muss, um ihn zu gewährleisten. Ich hatte das große Glück, eine Reihe älterer Herren kennenzulernen, die bereits in den 1960er-Jahren im Rahmen der Initiative »Studenten aufs Land« Familien in ländlichen Regionen besucht haben, um die Eltern zu überzeugen, dass sie ihre Kinder auf eine weiterführende Schule schicken. Viele der damals Engagierten sowie die Bildungsaufsteiger der 1960er- und 1970er-Jahren glauben ihren Ohren nicht zu trauen und sind geradezu bestürzt, wenn sie von unserer Initiative und unseren Erfahrungen hören. Sie dachten, die Zeiten seien vorbei und die Bildungssituation habe sich zum positiven verändert. Selbstverständlich hat sich der Zugang zu Schul- und Hochschulbildung insgesamt verbessert, der Abstand zwischen den sozialen Gruppen ist jedoch gleich geblieben und tendiert sogar dazu, immer größer zu werden. Mit anderen Worten: Die soziale Selektion verstärkt sich.

Gern würde ich eine Zeitreise in die 1970er-Jahre unternehmen, um die damalige Stimmung zu erfassen und zu verstehen – es erscheint reizvoll, eine ähnliche Aufbruchs- und Aufstiegsstimmung heute zu erzeugen. Die Inhalte der Gespräche mit Eltern und jungen Erwachsenen über höhere Bildung haben sich seit dieser Zeit nicht wesentlich geändert. Definitiv verändert haben sich jedoch die Möglichkeiten, Informationen zur Verfügung zu stellen. Sie werden jedoch nicht voll ausgeschöpft, erreichen offensichtlich nicht die, die angesprochen sind – wie sonst ließe sich das große Informationsdefizit oder die bisher verhaltene Nutzung erklären? Ich bin überzeugt, dass wir allein schon durch unser Internetportal dem einen oder anderen vorgezeichneten Lebensweg doch noch eine Wendung gegeben haben. Das Ziel von ArbeiterKind.de ist, angehende Erststudierende zu motivieren, Herausforderungen anzunehmen und Risiken in Kauf zu nehmen. Ein Anliegen, dass auch viele Politiker in ihren Sonntagsreden formulieren. Die vielen Beispiele in diesem Buch zeigen jedoch, dass die bestehenden Strukturen sehr starr sind. Durchlässigkeit im Bildungssystem zu fordern ist das eine, junge Erwachsene mit Wissen, Selbstvertrauen und Perspektive auszustatten ist etwas völlig anderes. Nüchtern betrachtet ist Deutschland dieser gesamtgesellschaftlichen Aufgabe in den letzten Dekaden nicht immer erfolgreich nachgekommen. Nichts liegt mir ferner, als an dieser Stelle das politische System dafür einseitig verantwortlich zu machen. Durchlässigkeit kann nicht politisch verordnet werden. Auffällig ist jedoch, dass die Politik selbst für Karrieren durchlässiger zu sein scheint als so manches deutsche Spitzenunternehmen.

Darüber hinaus lässt sich aus den Erfahrungen anderer europäischer Länder lernen. Sie haben gezeigt, dass es aussichtslos ist, Kinder, Schüler und Studierende aus nicht-akademischen Elternhäusern zu ändern und in Schablonen zu pressen, damit sie sich nicht mehr von Akademikerkindern unterscheiden. Die erfolgreichen Länder wie beispielsweise die Niederlande und die skandinavischen Länder haben verstanden, dass die Institutionen, sprich Schulen sowie Hochschulen, ihre Perspektive wechseln und ihre Arbeitsweise, etwa Unterrichts- und Lehrkonzepte, Ansprache von Schülern, Studierenden und die Zusammenarbeit mit Eltern, verändern und kontinuierlich weiterentwickeln müssen.

Es gibt viele Hürden, die Schüler und Studierende im Bildungssystem überwinden müssen. Manche schaffen es, weil sie talentiert sind, andere, weil sie Hilfestellung bekommen haben. Was wir uns fragen müssen, ist aber, ob die jeweilige Hürde überhaupt notwendig ist und existieren sollte. Wenn wir diese Hürden abbauen wollen, brauchen wir Experten. Ich schlage vor, dabei auf diejenigen zurückzugreifen, die als Erste erfolgreich den Bildungsaufstieg gemeistert haben und nun als Vorbilder wirken können, um mit ihnen diese Hürden abzubauen, gemeinsam innovative Lehr- und Lernmethoden und wirksame Förderungsstrukturen zu entwickeln, mit denen potenzielle Erstakademiker auch wirklich erreicht werden. Als Wanderer zwischen den Welten fungieren sie als wertvolle Übersetzer und Vermittler zwischen verschiedenen sozialen Milieus und können helfen, die gegenseitige Voreingenommenheit abzubauen.

In den USA hörte ich während meines Auslandsaufenthalts immer wieder die Aufforderung: »You can make a difference!«, also »Du kannst zu einer Veränderung beitragen!«, wie zum

Beispiel das Leben eines anderen positiv beeinflussen. »Was kann ich denn schon verändern?«, dachte ich zunächst und konnte mir nicht vorstellen, dass ich dazu in der Lage bin. Doch nach meiner Rückkehr stellte ich fest, dass ich in meinem unmittelbaren Umfeld positiv wirken konnte, indem ich anderen Mut machte, sich um Stipendien zu bewerben, ihnen meine Erfahrung weitergab und ihnen vermittelte, dass ich daran glaubte, dass sie erfolgreich sein werden. Ich begann etwas im Kleinen zu verändern und kann nun gemeinsam mit vielen anderen sogar zu größeren Veränderungen beitragen. Jeder Einzelne von Ihnen kann auch etwas tun, indem Sie sich ein Stück weit verantwortlich fühlen und ein Vorbild sind – sowohl im Kleinen als auch im Großen. Schauen Sie doch mal, wenn Sie Ihr Kind aus dem Kindergarten oder der Schule abholen, welches andere Kind vielleicht Hilfe benötigt. In den Erzählungen Ihrer Kinder aus der Schule verstecken sich vielleicht Hinweise auf Mitschüler, die ins Hintertreffen geraten sind und von zu Hause keine Unterstützung erhalten. Sehen Sie beim Elternabend Mütter oder Väter, die sich nicht angesprochen, nicht einbezogen fühlen oder überfordert scheinen? Suchen Sie gemeinsam mit anderen Eltern und Lehrern nach praktikablen Lösungswegen und Fördermöglichkeiten für den gesamten Klassenverband. Ein Berliner Journalist, der sich als Lesepate engagiert und einmal in der Woche in einer Grundschule mit einem Schüler arbeitet, sagte mir, dass er sich wünscht, seine ganze Redaktion würde daran teilnehmen. Denn dann hätten fast alle Kinder an der Grundschule einen Lesepaten. Schülerinnen und Schüler aller Altersgruppen können sich auch gegenseitig unterstützen, dafür können Sie bei Ihrem Kind und in dessen Klasse ein Bewusstsein schaffen und dazu anregen. Als mein Freund Wolf kürzlich von seinem 15-jährigen Klassentreffen zurückkehrte, ärgerte er sich, dass er in seiner Abiturzeit nie mit seinen Klassenkammeraden darüber gesprochen hatte, warum für ihn als Akademikerkind ein Studium so selbstverständlich war. Einige seiner ehemaligen Mitschüler, allesamt aus nicht-akademischen Familien, hätten im Nachhinein lieber direkt nach dem Abitur studiert, anstatt zunächst eine Ausbildung zu absolvieren. Heute wünscht er sich, alle hätten sich in großer Runde vor dem Abitur über die eigenen Zukunftspläne, Einstellungen, Fragen und Sorgen ausgetauscht. Er ist davon überzeugt, dass sich mehrere von ihnen direkt oder auch grundsätzlich für ein Studium entschieden hätten, wenn sie sich über den starken Einfluss der Bildungswege des Elternhauses bewusst gewesen wären.

Von Lehrern wünsche ich mir, dass sie ihren Unterricht so gestalten, dass die Unterstützung der Eltern kein notwendiger und relevanter Faktor mehr ist. Darüber hinaus wünsche ich mir, dass die Empfehlung zur weiterführenden Schule und die Beratung zum weiteren Weg nach der zehnten Klasse nicht mehr wie durch Studien nachgewiesen stark von der sozialen Herkunft, sondern von den tatsächlichen Potenzialen und Fähigkeiten der Kinder bestimmt werden. Zudem sollte das Gespräch mit den Eltern gesucht werden, um diese über mögliche Bildungsperspektiven, -entscheidungen und Konsequenzen zu informieren. Ich möchte Lehrer dazu ermuntern, sowohl selbst couragiert zu sein, als auch den Schülern Mut zu machen, an sich und ihre Entwicklung zu glauben und ihnen Perspektiven aufzuzeigen. Selbst Grundschüler lassen sich beeindrucken und motivieren, wenn ihnen Horizonte eröffnet werden – auch, wenn diese noch in der weiten Zukunft liegen. Aber natürlich können wir diese Last nicht einfach auf den Schultern der Lehrer abladen, sondern müssen sie dafür ausbilden, mit ihnen gemeinsam arbeiten und ihnen in schwierigen Situationen ebenfalls Beratung und Unterstützung zukommen lassen. Darüber hinaus verdienen sie größere Aufmerksamkeit, Anerkennung und Wertschätzung für ihre bedeutende Arbeit.

Von allen, die an Hochschulen arbeiten, wünsche ich mir, dass sie die vielfältigen Hintergründe und unterschiedlichen Kompetenzen begrüßen und kreativ mit diesen umgehen. Anstatt den befürchteten Qualitätsverlusten wird dies zu einer großen Qualitätssteigerung der Lehre und des Systems Hochschule beitragen. Durch die offene Kommunikation und das Einbeziehen der Studierenden in die Gestaltung der Hochschule können offensichtliche und versteckte Hürden für Erststudierende abgebaut werden und erfolgreiche Unterstützungsangebote geschaffen werden. Inspirierend für die Entwicklung neuer Betreuungsangebote für Studierende wirkt ein Blick in die USA. Dort sind beispielsweise regelmäßige Gespräche mit einem sogenannten Advisor über die belegten Kurse und den Studienverlauf fest etabliert, ebenso wie der obligatorische Besuch eines »Writing Centers«, wo man sich ohne Voranmeldung beim Verfassen einer Hausarbeit helfen lassen kann. Trotz des bereits sehr umfangreichen Angebots für Studenten verfügen viele Hochschulen dort über zusätzliche Service-Angebote für Studierende der ersten Generation sowie deren Eltern und sprechen diese Zielgruppe gezielt auf ihren Internetseiten an. Für großes Aufsehen sorgte kürzlich ein neues Programm der University of Cincinnati mit dem Titel »Generation-1-Theme House«, einem Studentenwohnheim speziell für Studierende der ersten Generation. Die Bewohner leben dort nicht nur gemeinsam unter einem Dach, sondern verpflichten sich darüber hinaus, beispielsweise Workshops zu belegen, Nebenjobs auf eine bestimmte Stundenzahl zu begrenzen und festgelegte Ruhezeiten einzuhalten.

Ebenso richtete die University of California Merced ein Programm ein mit dem Titel »Fiat Lux Scholars«, um speziell Studierende der ersten Generation während ihres Studiums zu unterstützen. Die Teilnehmer erhalten einen Nachlass von 30 Prozent beim Kauf von Büchern, nehmen an Workshops zum wissenschaftlichen Arbeiten sowie einem sogenannten Erstsemester Erfolgskurs teil und werden durch das Studium hindurch persönlich beraten. Gemein ist all diesen Angeboten, dass sie die Hürden für Studierende der ersten Generation auf dem Weg an und durch die Hochschule analysieren und besondere Bedürfnisse dieser Studentengruppe ermitteln.

Das ist es, was ich mir auch für Deutschland wünsche. Ich hoffe sehr, dass an den hiesigen Hochschulen weniger die vermeintlichen Defizite der Erststudenten betont werden und stattdessen ein Perspektivenwechsel vollzogen wird. Vor allem sollten wir Studierenden der ersten Generation vermitteln, dass sie eine Bereicherung und deshalb explizit erwünscht und willkommen sind. Damit wäre bereits ein erster Schritt getan. Insbesondere die unterschiedlichen finanziellen Ausstattungen von Studierenden sollten sowohl an den Hochschulen als auch bei den politischen Entscheidern stärker ins Blickfeld geraten und berücksichtigt werden. Ein Studium darf nicht daran scheitern, dass man sich keinen eigenen Laptop, Drucker, teure Lehrbücher, zahnmedizinische Bohrersätze oder Glasgeräte für die Chemie leisten kann. Schüler aus finanziell schwachen Familien müssen sich von Studienbeginn bis zum -abschluss darauf verlassen können, dass sie rechtzeitig und regelmäßig ihre BAföG-Zahlungen erhalten. Anstatt Studierende jedes Semester aufgrund eines fehlenden Scheins oder einer fehlenden Angabe der Eltern existenzielle Ängste ausstehen zu lassen und sie damit zusätzlich zu belasten, sollte es unser Ziel sein, gerade ihnen eine besondere Sicherheit und Unterstützung zu geben, damit sie ihr Studium trotz schwierigerer Bedingungen erfolgreich meistern können. Um den Aufforderungen nach lebenslangem Lernen und Bildungsaufstiegen nachkommen zu können, müssen Finanzierungsmöglichkeiten unabhängig von Unterstützungsbereitschaft und Finanzkraft des Elternhauses zur Verfügung gestellt werden.

Wie wir gesehen haben, hängen viele Bildungsbiografien vom Zufall ab. Durch ArbeiterKind.de möchten wir mit einem bundesweiten und flächendeckenden Netzwerk von ehrenamtlichen Ansprechpartnern den Zufall systematisieren. Unser Ziel ist es, dass alle Schüler sowie alle angehenden und aktuell Studierenden aus Nicht-Akademikerfamilien persönliche Ermutigung und Unterstützung auf ihrem Bildungsweg erfahren. Einigen genügt der Blick auf unser Internetportal, andere nehmen an einer unserer Informationsveranstaltungen in Schulen teil, wieder andere besuchen Sprechstunden und Stammtische oder treten über das Internet mit uns in Kontakt. Einige benötigen lediglich kurzfristige Hilfe in einem Moment des Zweifels oder bei der Lösung eines konkreten Problems, andere brauchen regelmäßige und langfristige Begleiter und Ermutiger. Als ich die Initiative im Rahmen der Konferenz in Amsterdam vorstellte, löste ich damit bei den internationalen Teilnehmern aus Europa, aber auch den USA, Australien und Neuseeland großes Erstaunen aus und hörte wiederholt: »From Germany, really?« Sie konnten nicht glauben, dass solch eine Idee und die entsprechende Initiative tatsächlich auf eine Deutsche zurückgehen. Ich hatte den Eindruck, dass sie Deutschland mit seinem hochselektiven Bildungssystem bereits abgeschrieben hatten und nicht davon ausgingen, dass sich dies in naher Zukunft ändern würde. Ich denke, diese Reaktion und unser großer Leidensdruck sollten uns dazu anspornen, sie eines Besseren zu belehren und es ihnen zu zeigen. Nicht nur gesamtgesellschaftlich, sondern angesichts des demografischen Wandels und dem damit einhergehenden Fachkräftemangel sollten wir die Problematik offensiv angehen und ein Land werden, das für eine breite und chancengleiche Bildungsförderung steht. Wenn jeder Einzelne von uns ein Stück weit Verantwortung übernimmt, können wir es gemeinsam schaffen, dass in Deutschland das Recht auf Bildung wirklich für alle gilt!

NACHWORT

Nach der Lektüre geht es Ihnen vielleicht wie mir. Sie möchten erfahren, was aus den Menschen geworden ist, die ich Ihnen vorgestellt habe, beziehungsweise welchen weiteren Verlauf ihr Weg nimmt. Übrigens habe ich auf ihren Wunsch und zu ihrem Schutz alle Namen geändert, Burkhard Schwenker, meinen Bruder und meine Agentin ausgenommen.

Mein Bruder Marc ist schon während seines Studiums unternehmerisch tätig geworden und hat vor ein paar Jahren begonnen, sich in der Berliner Kommunal- und Landespolitik zu engagieren. Darüber hinaus ist er natürlich ein aktiver Unterstützer von ArbeiterKind.de und ein wichtiger Diskussionspartner für mich.

Melanie studiert erfolgreich und konnte glücklicherweise ihre Schwester ermutigen, ebenfalls nach der Realschule auf ein Gymnasium zu wechseln. Sie wird bald Abitur machen und möchte anschließend Mathe studieren. Melanie hofft, dass ihre Schwester ihr tatsächlich folgt und sie ebenfalls gegen den Willen der Eltern ein Studium aufnimmt.

Antonio hat sich inzwischen um ein Stipendium beworben. Dabei hatte er etwas Mühe, Professoren zu finden, die bereit waren, Gutachten für die Bewerbung zu verfassen, da dies an Fachhochschulen leider noch nicht so üblich und bekannt ist. Bei unseren Informationsveranstaltungen in seiner Stadt erklärt Antonio Schülern, dass es sich lohnt, BAföG in Anspruch zu nehmen und in Bildung zu investieren, indem er ihnen vorrechnet, was ein Auto im Vergleich dazu kostet. Nun hofft er immer noch auf ein Stipendium und darauf, dass er anschließend sein Masterstudium finanzieren kann.

Christian hat mich in sein Internat eingeladen und ein unglaubliches Besuchsprogramm für mich geplant, auf das ich mich schon sehr freue.

Anna ist gerade dabei, ihr Psychologie-Studium abzuschließen. Ihre Bachelor-Arbeit wurde mit einer Eins vor dem Komma benotet. Sie hat noch etwas Sorge, dass sie keinen Platz bekommt, um den Master zu machen, aber ich denke, dass es klappen wird.

Stefan geht nun ins Ausland, um ein Praktikum zu machen. Dann möchte er seinen Bachelor abschließen und erst mal im Personalbereich arbeiten. Vielleicht wird er später noch einmal einen Master draufsetzen, aber zunächst hat er vor, »richtig« zu arbeiten.

Katrin, die Medizin studiert, freut sich immer noch über die bestandene Zwischenprüfung, muss aber erst ein Semester warten, bis sie weiterstudieren kann. Um die Zeit zu überbrücken, macht sie zurzeit ein Praktikum im Krankenhaus, was ihr viel Freude bereitet und sie sehr motiviert. Etwas Sorgen macht sie sich um das praktische Jahr, das sie zum Ende ihres Studiums in einem Krankenhaus absolvieren muss und währenddessen man kein BAföG erhält, was aber auch nicht von anderer Seite finanziert wird. Mit einem vollen Arbeitspensum im Krankenhaus ist es jedoch nicht möglich, nebenbei zu arbeiten. Daher versucht sie jetzt schon, dafür zu sparen.

Dank des Stipendiums und eines Hilfskraftjobs muss sich Laura um ihre Miete, Kleidung und Lebensmittel keine Sorgen mehr machen. Vor Kurzem hat sie eigenständig einen Work-shop organisiert und in den Semesterferien wird sie an einer Sprachreise ihres Förderwerks teilnehmen. Als ich sie fragte, ob ich über sie schreiben darf, sagte sie: »Ja, unbedingt, denn mir hören die Leute noch nicht zu, du musst das sagen!«

ANMERKUNGEN

1 18. Sozialerhebung, 2006

2 IGLU 2006, S. 20 http://www.iglu.ifs-dortmund.de/assets/files/iglu/IGLU2006_Pressekonferenz_erweitert.pdf

3 Ebd.

4 »Herkunft und Chance: Wege zu mehr Bildungsgerechtigkeit an Deutschlands Schulen«. Transmission 03, Vodafone Stiftung Deutschland, November 2010, S. 13

5 Anne Sliwka. »Chancengerechtigkeit und Exzellenz: Was das deutsche Schulsystem von Kanada lernen kann«. Herkunft und Chance: Wege zu mehr Bildungsgerechtigkeit in Deutschland. Transmission 03. Vodafone Stiftung Deutschland. November 2010. S. 54–55

6 *Der Spiegel*, Ausgabe 24.06.2011

7 »Die Aufstiegsgesellschaft – warum wir sie brauchen und was uns von ihr trennt«. Zwischen Illusion und Verheißung: Soziale Mobilität in Deutschland. Transmission 01, Vodafone Stiftung Deutschland, September 2009, S. 41

8 »Die Spaltung der Gesellschaft«. Zwischen Illusion und Verheißung: Soziale Mobilität in Deutschland. Transmission 01, Vodafone Stiftung Deutschland, September 2009, S. 55

9 Michael Hartmann, *Topmanager. Die Rekrutierung einer Elite.* Frankfurt a.M. 1996 und *Der Mythos von den Leistungseliten. Spitzenkarrieren und soziale Herkunft in Wirtschaft, Politik, Justiz und Wissenschaft.* Frankfurt a.M. 2002

10 Vodafone Band 4. »Habitus der Topmanager«, S. 73